Revue Gestion Juridique des RH

Année 2023

Volume 2

Numéro 2

DIRECTEUR DE PUBLICATION
Clotaire MOULOUNGUI

DIDACTIJURIS et Clotaire MOULOUNGUI
6, square du capitaine Guynemer
59960 Neuville-en-Ferrain
Didactijuris@yahoo.com

ISBN : 978-2-487740-27-3
EAN : 9782487740273

Articles de ce volume 2

La protection financière de l'employeur en cas de grève ________ *17*

Les relais de solidarité des grévistes ________ *31*

Le quorum des décisions dans l'administration ________ *52*

Les subventions et reprises de dettes liées aux grèves ________ *79*

L'absentéisme par choix d'une autre activité concomitante ________ *87*

La mise à pied disciplinaire et sa semaine possible d'exclusion ________ *109*

La désertion d'amphis par étudiants et professeurs ________ *119*

Le dilemme entre départ au travail et aide à un proche ________ *141*

La recherche parfois illusoire de hauts diplômes ________ *155*

Plan et pagination des articles

Articles de ce volume 2 **7**

Plan et pagination des articles **9**

La protection financière de l'employeur en cas de grève **17**

1. – Les pistes d'indemnisation pour les gains ratés et les dépenses inutiles dues à la grève. 18

A. - La dette de dommages-intérêts en cas de grève illicite 19

2. – Les non-grévistes comme victimes uniques de toute entrave à la liberté du travail. 19

3. – Le juge compétent pour l'indemnisation de l'employeur par son salarié. 20

4. – L'interdiction du remboursement des salaires des non-grévistes par les grévistes. 21

5. – L'exonération des grévistes en cas d'indication préalable du motif de leur grève. 22

B. - L'idée d'une assurance contre les grèves du personnel 23

6. – La quête d'échappatoires aux méfaits de l'absentéisme de ses travailleurs. 23

7. – Le risque d'insouciance de l'employeur garanti contre les grèves. 24

8. – Les arguments pour une assurance contre la grève du personnel. 25

9. – La limitation envisageable de la garantie aux grèves sans faute de l'employeur. 26

10. – L'éventualité de clauses d'irresponsabilité pour les inexécutions dues aux grèves. 27

11. – La mutualisation entre employeurs du coût prévisible des grèves de leurs personnels. 28

12. – La fin de la ligue d'employeurs contre les effets des grèves de leurs salariés. 29

Les relais de solidarité des grévistes **31**

1. – Le financement chaotique des grévistes devenus sans salaire. 32

A. - Les caisses syndicales et les dons privés à ces caisses de grève **32**

2. – L'existence d'une caisse ponctuelle ou permanente d'assistance aux grévistes désargentés. ____ 32
3. – L'obligation morale et l'obligation juridique des bénéficiaires de l'aide d'un syndicat. ____ 34
4. – L'admissibilité de la dette morale envers un syndicat plutôt qu'envers un parti politique. ____ 35
5. – La solidité de la Caisse Nationale d'Action Syndicale (CNAS) du syndicat CFDT. ____ 37
6. – Le secours aux grévistes grâce aux cotisations des rares adhérents et cotisants. ____ 37
7. – Le doute sur l'augmentation ou la diminution des grèves selon la force des syndicats. ____ 39
8. – Les contours d'une caisse locale de solidarité envers les grévistes. ____ 40
9. – Les dissensions syndicales internes à propos des grèves finançables. ____ 42

B. – Les secours institutionnels malgré leur fragilité juridique ____ 43

10. – La suspicion d'encouragement illicite à la grève par de dons aux grévistes. ____ 43
11. – Le contrôle de légalité du préfet sur les décisions municipales d'aide aux grévistes. ____ 44
12. – L'illicéité du convoyage municipal de manifestants de la province à Paris. ____ 46
13. – La licéité du financement d'œuvres sociales accessibles aux grévistes ou à leur famille. ____ 47
14. – L'admissibilité du financement municipal d'une œuvre syndicale locale. ____ 48
15. – L'illicéité de l'aide du CSE à d'anciens salariés pour des procès contre l'employeur. 51

Le quorum des décisions dans l'administration ____ 52

1. – La soumission des services publics au droit positif. ____ 53

A. – Les généralités sur les décisions collégiales publiques ____ 54

2. – Les trois compétences limitatives du pouvoir (de décision) de toute Administration. 54
3. – Les moyens juridiques, matériels et humains utiles à l'Administration. ____ 55

4. – La contribution d'universitaires dans les instances consultatives. 56
5. – La justification de l'exigence d'un quorum dans les services publics. 57
6. – La nécessité de pus que la moitié des juges pour chaque affaire. 58
7. – Le sort des mesures en projet en cas d'absentéisme des membres de l'instance. 59
8. – Les moments de satisfaction obligatoire du quorum. 60
9. – Le paradoxe des présents réputés absentéistes car intéressés. 61
10. – Le comptage incertain des représentés parmi les présents. 62
11. – L'attente de tous les membres en exercice de l'instance collégiale. 62

B. - Quelques quorums et majorités d'instances publiques 64

12. – Le quorum réductible du Bureau central de la tarification et de l'Autorité de la concurrence. 64
13. – Les critères de la délibération d'une chambre des métiers et de l'artisanat. 66
14. – Les règles contrastées du quorum de l'ANACT et d'offices pour étrangers. 67
15. – Le quorum lors de l'élection de l'exécutif d'une collectivité locale. 68
16. – Le moment idéal du quorum entre le début, le milieu et la fin de réunion. 69
17. – Le quorum des marchés publics nationaux et locaux. 70
18. – Le quorum en matière de recrutement d'un professeur des universités. 70
19. – L'équilibre du jury et le respect du quorum grâce au mutisme d'un membre. 72
20. – Le lien entre la lenteur de la justice et le sous-effectif des magistrats. 73
21. – Le quorum dans les conseils de discipline. 75
22. – La surveillance des manipulateurs de l'argent public par trois juridictions financières. 76
23. – La facilitation de l'atteinte de son quorum par la CDBF. 77

Les subventions et reprises de dettes liées aux grèves 79

1. – Les subventions publiques au secours d'une gréviculture coûteuse. 80
2. – L'idée d'une indemnisation étatique des diverses pertes dues aux grèves. 82

3. – Les exemples d'indemnisations de victimes par l'État pourtant innocent de toute faute. ______ 83
4. – L'argument financier contre l'indemnisation étatique de toute victime d'une grève. 84

L'absentéisme par choix d'une autre activité concomitante ______ 87

1. – La volonté d'une conduite de plusieurs activités de front. ______ 88
2. – La limitation du cumul d'emplois pour l'agent public et pour le salarié à temps complet. ______ 89
3. – La contradiction entre refus du cumul d'emplois et incitation à l'entrepreneuriat parallèle. ______ 91
4. – L'agacement de l'employeur progressivement délaissé pour une création d'entreprise. ______ 92
5. – L'historique du cumul de leurs mandats par les députés et les sénateurs. ______ 94
6. – L'encouragement du parlementaire à une implication locale par son cumul de fonctions. ______ 95
7. – Les motifs extrapatrimoniaux de l'engagement politique des personnes. ______ 96
8. – L'illusion tenace d'un absentéisme blâmable des députés et des sénateurs. ______ 98
9. – L'ignorance généralisée de l'intérêt d'une assiduité aux commissions plutôt qu'à l'hémicycle. ______ 100
10. – L'intérêt pratique négligeable de sa présence dans l'hémicycle parlementaire. _ 101
11. – L'absentéisme estudiantin issu d'une double inscription. ______ 102
12. – La conciliation difficile des études et de l'emploi même offert par l'université.__ 103
13. – Le lien entre l'échec universitaire et l'emploi salarié parallèle. ______ 104
14. – L'encouragement anglo-saxon à l'exercice de jobs étudiants. ______ 105
15. – L'historique du cumul entre études et emploi en France. ______ 107

La mise à pied disciplinaire et sa semaine possible d'exclusion ______ 109

1. – Une perte de travail pour l'employeur et une perte de revenu pour le salarié. ___ 110

2. – La prévision du principe et de la durée de la mise à pied dans le règlement intérieur. ____ 111

3. – Les doutes sur la mise à pied dans une PME sans règlement intérieur. ____ 112

4. –L'illégalité de la mise à pied du salarié sans faute prouvée. ____ 113

5. – L'illégalité de la mise à pied du gréviste sans faute lourde. ____ 114

6. – La catégorie de mise à pied selon sa durée déterminée ou indéterminée. ____ 115

7. – La durée d'environ une semaine des mises à pied (disciplinaires). ____ 116

La désertion d'amphis par étudiants et professeurs ____ 119

1. – La désacralisation de l'universitaire par un système inconscient ou populiste. ____ 120

2. – La pénibilité du métier de professeur dans les lycées et collèges. ____ 121

3. L'exportation du bavardage scolaire dans les travées universitaires. ____ 122

4. – La dépression dorénavant chez des universitaires en souffrance. ____ 123

5. – La maltraitance institutionnelle des élèves médiocres. ____ 123

6. – L'impuissance de l'institution scolaire face à la dyslexie et aux autres troubles des apprentissages. ____ 125

7. – L'abandon de l'école et parfois de la vie par l'élève en question. ____ 126

8. – L'adolescence comme période de fragilité psychologique et de physique ingrat. ____ 127

9. – La désillusion du lycéen devenu étudiant. ____ 128

10. – Le manque de plus-value des cours comme cause d'absentéisme. ____ 129

11. – L'exigence apparente de théâtralité dans l'amphithéâtre. ____ 130

12. – Le refus professoral du contrôle de l'absentéisme des étudiants. ____ 131

13. – La lecture active (d'un livre) préférable à l'écoute passive en amphi. ____ 132

14. – L'hommage au système universitaire allemand. ____ 133

15. – L'anachronisme des méthodes d'enseignement du droit à l'université. ____ 134

16. – L'avis des étudiants d'aujourd'hui sur leurs cours. ____ 136

17. – L'historique de Paul GERBOD sur la critique de l'université comme tremplin vers l'emploi. 137
18. – Le plaidoyer pour une université fidèle aux raisonnements. 139

***Le dilemme entre départ au travail et aide à un proche* 141**

1. – Le préjugé favorable de l'absentéisme en vue d'une assistance à son parent malade. 142
2. – La possibilité d'une renonciation gratuite à son congé familial. 143
3. – Le caractère heureux ou malheureux de l'évènement familial de congé. 144
4. – Le congé du salarié pour décès de son enfant. 146
5. – La préoccupation ministérielle sur la modalité de financement du congé de deuil allongé. 147
6. – Les particularismes du congé de solidarité familiale (CSF). 148
7. – Le congé sans rémunération du proche aidant et son besoin de répit. 150
8. – Le jugement au fond du litige sur le congé familial par le juge des référés. 151
9. – Les freins paperassiers à la prise de congés familiaux. 152
10. – La suspension du congé annuel pour maladie ou autre. 153

***La recherche parfois illusoire de hauts diplômes* 155**

1. – La quête de savoirs et habilités sans calcul. 156
2. – Le dressage humain et l'enrichissement par la scolarisation. 157
3. – La raréfaction des bons emplois au fil de la massification des études. 158
3. – Le choix de l'établissement d'enseignement selon la renommée. 159
4. – Le silence gêné du Français sur son titre de docteur. 160
5. – La dévalorisation des diplômés par le chômage de leurs titulaires. 162
6. – Le service public comme employeur principal des titulaires du doctorat. 164
7. – La valorisation dérisoire et aléatoire du doctorat en France. 165
8. – Les déconvenues d'Africains surdiplômés revenus d'exil. 167

9. – La nécessité de cellules psychologiques pour les naufragés du doctorat. ________ 169

LA PROTECTION FINANCIÈRE DE L'EMPLOYEUR EN CAS DE GRÈVE

Clotaire MOULOUNGUI
Maître de conférences hors classe à l'ULCO (académie de Lille)
Ancien Chef du Département Gestion des Entreprises et des Administrations
Responsable de la licence professionnelle Métiers de la Gestion et du Social

Résumé : C'est tout naturellement que vient à l'esprit du juriste la question de savoir si la victime d'une grève peut attendre des dommages-intérêts de la part des grévistes et/ou de leurs syndicats. Car être indemnisé du préjudice subi à cause d'autrui est un principe admis par le Conseil constitutionnel, même s'il ne s'agit pas forcément d'un principe fondamental reconnu par les lois de la République (PFRLR).

Mots clefs : Grève ; abus du droit de grève ; droit à indemnisation ; liberté constitutionnelle ; assurance contre la grève.

Abstract : The question of whether the victim of a strike can expect damages from the strikers and/or their unions naturally comes to mind for legal experts. Because compensation for harm suffered at the hands of others is a principle recognized by the Constitutional Council, even if it is not necessarily a fundamental principle recognized by the laws of the Republic (PFRLR).

Keywords : Strike; abuse of the right to strike; right to compensation; constitutional freedom; strike insurance.

1. – Les pistes d'indemnisation pour les gains ratés et les dépenses inutiles dues à la grève.

C'est tout naturellement que vient à l'esprit du juriste la question de savoir si la victime d'une grève peut attendre des dommages-intérêts de la part des grévistes et/ou de leurs syndicats. Car être indemnisé du préjudice subi à cause d'autrui est un principe admis par le Conseil constitutionnel, même s'il ne s'agit pas forcément d'un principe fondamental reconnu par les lois de la République (PFRLR).

Toutefois, les auteurs d'une grève exercent un droit écrit dans le Bloc de Constitutionnalité ; encore que celui-ci ne soit pas la Constitution même de 1958. Néanmoins, l'indemnisation apparaît envisageable en cas d'abus du droit de grève ; le mouvement collectif entrepris aura donc été illicite. D'ailleurs, cette éventualité étant incertaine, la victime potentielle de la grève (en particulier l'employeur des grévistes) pourrait songer à se protéger des méfaits de celle-ci.

Il pourrait notamment songer à souscrire un contrat d'assurance, ou songer à stipuler une clause d'exclusion de responsabilité dans les contrats avec clients, pour le cas où des inexécutions résulteraient de grèves (1). Mieux, toute victime de la grève devrait pouvoir songer à se retourner contre l'État, lui qui a consacré cette possibilité de nuire à autrui. Sinon, il y aurait une inégalité à l'encontre de quelques citoyens du fait d'une loi ; du fait de la loi fondamentale, il est vrai.

---

1) Zoé JACQUEMIN, Les contrats relatifs à la responsabilité, *RDC* déc. 2019, n° 116n1, p. 275.

A. – La dette de dommages-intérêts en cas de grève illicite

2. – Les non-grévistes comme victimes uniques de toute entrave à la liberté du travail.

L'employeur peut-il, à l'instar des non-grévistes (victimes d'entrave à la liberté du travail), obtenir réparation (pour ce délit) ? La cour d'appel de Paris (17 janvier 1986) a pensé que oui. Ainsi, des syndicalistes virulents ne devaient-ils pas seulement assumer le paiement solidaire d'environ 145.000 euros (à l'époque un million de francs) à leurs collègues qu'ils avaient intimidés par des menaces. Des sommes plus importantes encore leur étaient en effet exigées au profit de l'employeur préjudicié. C'était assurément la ruine programmée pour nos grévistes (2).

Les conseillers parisiens ont fondé leur sévère arrêt sur deux motifs a priori défendables. D'une part, l'entrave à la liberté du travail. Précisément, les ouvriers non grévistes, blessés ou non, ont dû cesser leur travail (leur industrie). D'autre part, la direction de l'usine aura dû éteindre les chaînes de fabrication et, conséquemment, dû renvoyer le personnel. D'après les conseillers parisiens, il en sera *« résulté une diminution de la production, laquelle a causé un préjudice direct à l'employeur auquel il est dû réparation »*.

La Cour de cassation (15 mai 1987) n'a pas été convaincue par ces deux motifs. Elle a au contraire souligné que *« le préjudice dont la réparation était demandée n'était en l'espèce que la conséquence indirecte de l'infraction et n'était pas de nature à ouvrir à la SA Citroën l'exercice de l'action civile devant la juridiction répressive »* (3).

---

2) CASS. CRIM., 15 mai 1987, pourvoi n° 86-91015, Bull. 1987, n° 198, p. 533.
3) Cf. arrêt criminel précité.

3. – Le juge compétent pour l'indemnisation de l'employeur par son salarié.

L'arrêt précité n'insiste pas sur le sort finalement fait à la demande indemnitaire des non-grévistes. Peut-être ont-ils eu gain de cause. En tous cas, il *« est malaisé »* d'établir à la fois que le comportement des grévistes est fautif et qu'il est la cause du préjudice subi (4). Un raisonnement similaire s'applique à l'employeur lui-même (5).

La demande de dommages-intérêts adressée, non pas au tribunal correctionnel, mais plutôt au TGI (aujourd'hui, tribunal judiciaire), aurait été doublement irrecevable. Déjà, en règle générale, l'employeur désireux d'obtenir réparation des agissements de son salarié (au moyen de dommages-intérêts) doit s'adresser à la juridiction prud'homale (6).

---

4) Gilles AUZERO et autres, précités, n° 1546.

5) Des dommages-intérêts sont reconnus à l'employeur sur la base, par exemple, du délit de destruction, de dégradation, ou de détérioration. Son préjudice découlera de la seule inactivité passagère de l'entreprise. Car il est de la nature de la grève de provoquer éventuellement un préjudice à l'employeur, mais pas de son essence. Autrement dit, il arrive que l'employeur ne subisse pas de dommage.

6) Code du travail, article L1411-3 ; Gilles Auzero, Dirk Baugard et Emmanuel Dockès, *Droit du travail, Précis Dalloz*, 2018, n° 1546. Ainsi, dans une affaire jugée par la Cour de cassation, un salarié avait démissionné (9 décembre 2009) de son emploi après plus d'une douzaine d'années de collaboration, pour rejoindre une société concurrente. Estimant être victime de faits de concurrence déloyale à faire cesser, et pour lesquels des dommages-intérêts devaient lui être reconnus, l'employeur a parallèlement saisi le tribunal de grande instance et le conseil de prud'hommes. Considérant qu'il y avait alors litispendance, et ayant été saisi en second lieu, le conseil de prud'hommes s'est dessaisi au profit du TGI (17 janvier 2012). La Cour de cassation a censuré cette analyse, car « *la litispendance suppose que chacune des juridictions saisies soit compétente pour connaître du litige* » (CASS. SOC., 17 décembre 2013, pourvoi n° 12-26938, Bulletin 2013, V, n° 306). Or, le conseil de prud'hommes a l'exclusivité pour les litiges opposant l'employeur à son salarié. Du moins les litiges civils, car le

D'un autre côté, dit la Cour de cassation (15 mai 1987), *« pour être recevable devant la juridiction répressive, l'action civile doit avoir pour but la réparation d'un préjudice personnel, résultant directement de l'infraction »* (7).

4. – L'interdiction du remboursement des salaires des non-grévistes par les grévistes.

Un jour, pour obtenir la réintégration de leur camarade licencié, des salariés avaient entrepris une grève dont la cour d'appel de Bordeaux (12 juillet 1978) a dit qu'elle portait atteinte au libre exercice de l'industrie et du travail. Alors l'employeur a cru pouvoir se fonder sur cette constatation pour exiger le remboursement, par les grévistes, des salaires versés (sans travail corrélatif) aux non-grévistes.

Ce qui lui fut reconnu par cette juridiction du fond. La Cour de cassation (27 novembre 1979) trouva cependant que l'employeur n'aurait pas dû recevoir satisfaction. Car, *« pour être recevable devant la juridiction répressive, l'action civile doit avoir pour but la réparation d'un préjudice personnel résultant directement, pour la victime, de l'infraction poursuivie »* (8).

Or, a précisé la haute cour, *« pour rejeter l'exception d'irrecevabilité proposée par les prévenus contre la constitution de partie civile de la SEP [l'employeur] et pour accorder à cette dernière des réparations civiles, la cour d'appel [bordelaise] énonce que l'employeur, qui a dû verser les salaires des ouvriers non grévistes empêchés de se rendre sur le lieu de leur travail a, du fait de ces paiements effectués sans contrepartie, subi un préjudice personnel et direct trouvant sa source dans l'infraction »*.

---

tribunal correctionnel semble devoir être saisi en cas de vol, d'escroquerie, de violences, etc.

7) Au regard de l'article 414 du Code pénal, dit la Cour suprême (CASS. CRIM., 15 mai 1987, pourvoi n° 86-91015, Bull. 1987, n° 198, p. 533).

8) CASS. CRIM, 27 novembre 1979, pourvoi n° 78-93.15, Bulletin, n° 339.

À la vérité, a conclu la Cour, *« le préjudice dont la réparation était demandée n'était, en l'espèce, que la conséquence indirecte de l'infraction retenue à la charge des prévenus, et n'était pas de nature à ouvrir l'exercice de l'action civile à la SEP devant la juridiction répressive »*. D'où, nécessairement, une irrecevabilité (9).

5. – L'exonération des grévistes en cas d'indication préalable du motif de leur grève.

L'illicéité de la grève est quelquefois reconnue tant par les deux degrés de juridiction que par la Cour de cassation elle-même. On peut le vérifier dans l'AFFAIRE SOCIÉTÉ GUYAVERT (opposée à son ex-salarié Philor). En l'espèce, la cessation du travail avait été trop brusque et, selon l'employeur, en définitive constitutive d'une faute.

Le Cour de cassation (30 juin 2015) a précisément proclamé que : *« l'exercice normal du droit de grève n'étant soumis à aucun préavis, sauf dispositions législatives le prévoyant, il nécessite seulement l'existence de revendications professionnelles collectives dont l'employeur doit avoir connaissance au moment de l'arrêt de travail, peu important les modalités de cette information »*.

Les grévistes ne sont donc jamais a priori fautifs. Toutefois, l'employeur n'avait pas été spontanément informé des raisons de l'interruption du travail. Concrètement, les salariés auront commencé par bloquer les portes de l'entreprise. Et c'est seulement par la suite, sur sollicitation de l'employeur, qu'ils auront révélé leur besoin de recevoir un acompte de la prime de treizième mois.

Dès lors, a jugé la Cour suprême, *« la cour d'appel [Cayenne, 25 février 2013] en a déduit à bon droit que le salarié initiateur de ces faits ne pouvait se prévaloir de la protection attachée au droit de grève »* (10).

---

9) C'est-à-dire l'exclusion de l'action civile pour l'employeur (à l'encontre des grévistes) pour paiement de salaires aux non-grévistes.

10) CASS. SOC., 30 juin 2015, Société Guyavert, pourvoi n° 14-11077, Bulletin 2015, n°833, Soc., n°1243.

Au regard du droit positif, l'exercice anormal du droit de grève dégénère en abus de droit (11). Alors, « *la dénonciation de l'anormalité ou de l'abus correspond à la nécessité d'assurer le respect d'un autre droit ou d'un autre principe de valeur constitutionnelle* » (12).

B. – L'idée d'une assurance contre les grèves du personnel

6. – La quête d'échappatoires aux méfaits de l'absentéisme de ses travailleurs.

Pour une entreprise, la grève est à coup sûr le principal élément perturbateur de la production de ses biens et services. Car, presque tous les personnels se révèlent à la fois indisponibles à l'employeur. Doit-elle (ou même peut-elle) s'en garantir au moyen notamment d'un contrat d'assurance ?

Surtout, sachant que *« si l'on exclut les entreprises du secteur public, la grève, en tant que cas de force majeure, n'exonère l'employeur qu'assez exceptionnellement »* (13). La réponse apparemment positive est donnée par une thèse de doctorat. Selon celle-ci, il y aurait une *« faculté reconnue au chef d'entreprise de recourir au mécanisme de la clause de grève ou à l'assurance du risque de grève pour limiter les conséquences qui résulteraient de la mise en œuvre de sa responsabilité »* (14).

Cette démarche précautionneuse se comprendrait, puisque par ailleurs l'entreprise s'assure contre divers risques, dont les pertes

---

11) Code du travail, article L1132-2 et jurisprudence correspondante.

12) Gilles AUZERO et autres, précités, n° 1521. La grève initialement légale (puisque pluralité de participants, cessation complète du travail, revendications professionnelles) peut finalement flirter avec l'illicéité du fait de certains faits et actes inappropriés.

13) Mémassi DOSSO, *L'incidence de la grève sur la responsabilité civile du chef d'entreprise à l'égard des tiers*, Th. droit privé, Nice, 1986.

14) Antoine CRISTAU, *Grève et contrats*, Résumé Th. droit privé, Paris 1, 1999.

d'exploitation. Or, le risque de payer des dommages-intérêts, pour inexécution de ses obligations contractuelles, paraît relever de cet ensemble de pertes redoutables (15).

L'assurance en question couvrirait probablement aussi la destruction de l'outil de production par les grévistes (16).

7. – Le risque d'insouciance de l'employeur garanti contre les grèves.

Les assureurs hésiteraient à investir ce champ contractuel de la garantie contre les préjudices consécutifs à la grève par la victime des grévistes (17). Des préjudices notamment constitués par le manque à gagner et par les dépenses palliatives ou réparatrices engagées (18). L'explication plausible d'une telle frilosité est que le souscripteur du contrat d'assurance entendra se garantir contre des agissements résultant de sa propre volonté expresse.

---

15) Il s'agirait, pour le chef d'entreprise, de se couvrir grosso modo des préjudices inhérents aux mouvements internes de grève ; en particulier les marchés manqués, le chiffres d'affaires raté, les clients déçus à indemniser.

16) Le respect contemporain de leur gagne-pain par les salariés offre plutôt des cas où les travailleurs squattent l'usine de façon que les machines ne soient ni vandalisées, ni enlevées pour d'autres cieux. Dans un sens comparable : Patrice ADAM, Grève dans le secteur privé, Effets de la grève sur les relations de travail, *Répertoire de droit du travail*, octobre 2020, n° 351.

17) « *[...] en cas d'arrêt temporaire de l'activité faisant suite à des dommages immatériels (blocage des locaux, salariés qui ne peuvent pas se rendre sur leur lieu de travail), la perte d'exploitation ne sera pas couverte* » (Stéphanie DURAFFOURD (08/03/2022), Les entreprises peuvent-elles s'assurer contre la grève, https://www.assurland.com/presse/revue-de-presse-assurance/les-entreprises-peuvent-elles-s-assurer-contre-la-greve.html).

18) Patrice ADAM, Grève dans le secteur privé, précité, n° 336.

Dans ces conditions, le contrat d'assurance cesserait de dépendre du hasard ou de l'aléa, pour devenir un arrangement à la main d'un des partenaires, une obligation potestative (19). Précisément, la grève résulte bien souvent du mauvais comportement du chef d'entreprise (du moins prétendent les salariés).

Toutefois, quelle sera son fait (fautif) à l'origine de l'interruption collective du travail ? Sans doute sa volonté blâmable sera-t-elle rarement directe et antérieure. Ainsi, en aval de la grève déjà en cours, le patron négligera peut-être de prendre les mesures susceptibles d'abréger l'arrêt de travail.

Or le raccourcissement d'une grève semble de nature à diminuer ses dommages potentiels. En gros, parce que garanti, l'employeur ne ferait presque jamais de concessions inspirées par une crainte des effets économiques négatifs d'une grève. Conclusion d'un professeur : *« En pareil cas, il serait donc bien maître de l'événement, et ce dernier perdrait tout caractère aléatoire »* (20).

8. – Les arguments pour une assurance contre la grève du personnel.

Plusieurs arguments pourraient être avancés en vue d'atténuer les objections juridiques à l'insertion de la grève dans les contrats d'assurance d'une entreprise. D'abord, il y aura parfois, sinon souvent, des années sans grève. Durant celles-ci la garantie ne sera donc pas actionnée, aussi la trésorerie de l'assureur ne sera-t-elle pas mise à contribution.

---

19) Ce concept juridique savant a été abandonné sous cette appellation par le nouveau droit du régime général des contrats (ordonnance de février 2016). C'est l'article 1174 du Code civil qui en parlait. Son contenu, actualisé, se trouve dorénavant dans l'article 1304-2 : « *Est nulle l'obligation contractée sous une condition dont la réalisation dépend de la seule volonté du débiteur. Cette nullité ne peut être invoquée lorsque l'obligation a été exécutée en connaissance de cause* ».

20) Patrice Adam, Grève dans le secteur privé, Effets de la grève sur les relations de travail, *Répertoire de droit du travail*, octobre 2020, n° 340.

Ensuite, la survenance d'une grève n'entraîne pas systématiquement l'apparition d'un déficit d'exploitation. Autrement dit, malgré l'existence d'une grève, l'assureur n'aura pas à décaisser d'indemnités. En troisième lieu, le contrat d'assurance renferme généralement une (clause de) franchise. C'est-à-dire qu'une portion du préjudice subi par l'assuré ne sera pas indemnisée.

Dans notre hypothèse, l'employeur victime de la grève continuerait d'avoir à sa charge (définitive) une somme d'autant plus importante que les grèves seraient nombreuses, et les franchises cumulées aussi. En d'autres termes, un employeur n'a pas d'intérêt à fomenter de grèves dans sa propre entreprise, ou d'intérêt à les exciter.

Pour sourire, l'on dira que les syndicats auraient alors raison de se plaindre de l'atteinte à leur monopole. L'idée étant que la grève à l'initiative de l'employeur serait une concurrence déloyale issue d'une duplicité patronale. Certes, l'employeur encourage ses salariés à manifester contre les autorités publiques insuffisamment attentives à leurs difficultés économiques (21).

9. – La limitation envisageable de la garantie aux grèves sans faute de l'employeur.

Bien sûr, le contrat qui porte sur une chose hors commerce n'est pas valable. Mais les contrats d'assurance sont autorisés aussi bien sur les choses que sur les personnes. Pourquoi dès lors la grève indépendante de l'employeur ne servirait-elle parfois de support d'un contrat d'assurance ? Il est d'ailleurs prétendu que l'admission de la grève comme risque assurable représenterait un hommage rendu à ce droit fondamental.

---

21) Par exemple : Catherine JAUNEAU, Les routiers maintiennent leur mobilisation en attendant un soutien de la part de l'État (https://france3-regions.francetvinfo.fr/bretagne/ille-et-vilaine/rennes/prix-du-carburant-les-routiers-maintiennent-leur-mobilisation-en-attendant-un-soutien-de-la-part-de-l-etat-2496109.html).

Évidemment, indique un professeur, l'on pourrait redouter de donner l'impression d'affaiblir son exercice (22). En vérité, ce serait davantage « *en légitimer l'utilisation* ». Car l'assurance en question jouerait un rôle social, en constituant un facteur d'équilibre entre *« les grèves légitimes »* et *« les mouvements illégitimes »* ; ces derniers étant découragés tandis que les premières seraient encouragées. En tous cas, l'assurance ne protégerait l'employeur qu'autant qu'il n'aurait pas commis de faute (grave) provocatrice ou amplificatrice de la grève (23).

Cet auteur poursuit que : « *La grève est destinée à faire pression sur l'employeur par la crainte des dommages qui en résulteront pour lui : son principe et son but résident dans cet aspect coercitif. L'assurance contre la grève aura pour effet d'en neutraliser l'influence, en la rendant partiellement inefficace. Elle devrait donc permettre de diminuer le nombre de grèves illégitimes. Inversement, l'assurance contre la grève aura également pour effet de diminuer les résistances injustes de l'employeur. Privé de toute réparation, il lui faudra supporter seul les préjudices qui en résultent* ».

10. – L'éventualité de clauses d'irresponsabilité pour les inexécutions dues aux grèves.

La liberté contractuelle devrait pouvoir permettre aux employeurs de se protéger (en amont) des conséquences fâcheuses d'éventuelles grèves de leurs personnels. Il leur suffirait de s'accorder sur ce point avec les partenaires susceptibles d'en souffrir aussi. Concernant leurs clients, ces employeurs pourraient songer à une clause d'exonération pour grève ; c'est une clause d'irresponsabilité.

S'agissant ainsi d'une clause suppressive (ou même seulement limitative) de responsabilité, la stipulation n'aura de valeur qu'à l'encontre d'autres professionnels. En effet, à l'égard de

---

22) Patrice ADAM, précité, n° 343.
23) Idem.

consommateurs, il s'agira d'une clause non écrite (24). D'ailleurs le dialogue social et la solidarité (plus ou moins forcée) envers l'employeur (peut-être en difficultés) ne sauraient stériliser ou anesthésier le droit individuel de faire grève.

Certes, le bénéfice par une entreprise du régime protecteur de l'activité partielle suppose qu'il n'y ait pas de conflit collectif de travail. Néanmoins, malgré la constatation d'une grève, il est envisageable que l'autorité publique autorisent le versement des allocations et des indemnités d'activité partielle au-delà du troisième jour de fermeture d'une entreprise (25).

Même quand par exemple existe un « *risque de mettre en péril l'économie et l'emploi dans les stations de montagne » en cas de « grèves intempestives dans les stations de sports d'hiver pendant la haute saison touristique* » (26).

11. – La mutualisation entre employeurs du coût prévisible des grèves de leurs personnels.

Le principe de l'assurance est de réunir des personnes qui courent un risque similaire. Celles-ci s'engagent dès lors à cotiser régulièrement une somme minime. Le total ainsi réuni (y compris les cotisations des autres assurés) servira aux indemnisations, à supposer que le risque craint advienne. Dans cette optique, et faute d'assureur statutaire, pendant une cinquantaine d'années au moins, l'Union des Industries des Métiers de la Métallurgie (UIMM) s'était constitué un fonds de grève (au profit d'employeurs).

---

24) Charles-Édouard , La clause limitative de réparation, *Responsabilité civile et assurances* n° 11, Novembre 2021, form. 10. Sabine BERNHEIM-DESVAUX, Une clause de limitation de valeur insérée dans un contrat de déménagement est irréfragablement présumée abusive, *Contrats Concurrence Consommation* n° 3, Mars 2020, comm. 52.

25) Code du travail, article R5122-8.

26) Patrick VICERIAT, Non aux grèves intempestives dans les stations de sports d'hiver pendant la haute saison touristique, JT 2023, n°261, p.13.

Il était appelé EPIM : Entraide professionnelle des industries de la métallurgie. L'idée était de soutenir le membre confronté à une grève. Pas seulement afin qu'il ne coulât pas financièrement, mais aussi et surtout pour qu'il ne cédât point aux revendications des grévistes. Car un tel résultat (la capitulation) eut ensuite fait tache d'huile dans les autres entreprises.

Dit autrement : il ne fallait pas créer de précédent. Comme regrette un syndicaliste, pour de trop nombreux patrons, « *la grève doit laisser le souvenir de quelque chose où "les gens ont perdu" même si cela est symbolique* » (27).

C'est (en 1972) quelques années après les blocages socio-économiques de mai 68, que près de 1800 entreprises de ce secteur-là décidèrent de mutualiser (davantage) les conséquences désastreuses d'une grève. La cotisation était basée sur la masse salariale ; pour 1000 salariés, il fallait reverser 0,4 % du montant de leurs salaires. Les encaisses correspondantes ont pu atteindre 600 millions d'euros (28).

12. – La fin de la ligue d'employeurs contre les effets des grèves de leurs salariés.

Curieusement, les effectifs de l'UIMM n'ont pas explosé au fil des ans ; bien au contraire. De sorte qu'en 2006, l'on ne comptait plus que 175 adhérents ; soit une défection de 90 % environ des membres (29).

---

27) Jean KASPAR, Fraternité et droit du travail, Droit social 1990. 116.

28) Jean-Emmanuel RAY, Sur le financement des syndicats, *Droit social* 2008 p.139.

29) Il se pourrait-il que les vertus de l'assurance ne s'imposent plus nettement aux yeux des dirigeants sociaux concernés. Les grèves ruineuses n'appartiennent pourtant pas vraiment au passé social. Il est vrai qu'à la même époque (en 2005) Warren Buffett, alors l'homme le plus riche du monde (à l'époque) affirmait à CNN : « *Il y a une guerre des classes, c'est un fait. Mais c'est ma classe, la classe des riches, qui mène cette guerre et qui*

Pourtant, dans l'intervalle, la structure aura versé 144 millions d'euros aux entreprises accablées par les grèves et les grévistes (30). Par exemple, l'entreprise Peugeot aura reçu 550.000 euros dans ce cadre (31).

Encore une fois, l'UIMM (elle-même) avait été créée en 1901 dans un but antisocial crânement assumé : *« organiser l'entente des patrons afin de résister aux grèves des ouvriers »* (32). Certes, des mauvaises langues ont pu prétendre que des syndicats en auraient aussi bénéficié (33).

---

est en train de la gagner ». Or, dix ans plus tôt, il y avait eu le grand mouvement social contre le plan Juppé. On a pu lire dans l'Express : « *Au 23e jour, ce vendredi, la grève contre la réforme des retraites d'Emmanuel Macron a franchi un palier : durer plus longtemps encore que celle de 1995* » (https://www.lexpress.fr/actualite/societe/plus-fort-que-1995-ces-grandes-greves-qui-ont-marque-la-ve-republique_2112797.html).

30) Les employeurs se cotisaient surtout pour être en mesure de faire face à une grève dure. Mais à la fin des années 90, le scandale de l'UIMM a dévoilé cet état de fait au grand public. Le visage alors jeté en pâture à ce public fut celui de Denis Gautier-Sauvagnac. https://fr.wikipedia.org/wiki/Affaire_des_caisses_noires_de_l%27Union_des_industries_et_m%C3%A9tiers_de_la_m%C3%A9tallurgie.

31) Le JDD, 8 avril 2008 : « UIMM : Peugeot passe aux aveux ».

32) René-Pierre PARIZE, *Le Creusot, 1898-1900, la naissance du syndicalisme et les mouvements sociaux à l'aube du XXe siècle* (2009).

33) Selon le Professeur RAY, « *dans les années 1960-1970 le fameux fonds de grève de l'UIMM baptisé « EPIM » [...] était presque aussi connu que la CSL chez Citroën ou la CFT chez Talbot* » (Sur le financement des syndicats, Droit social 2008 p.139.). La CSL (Confédération des syndicats libres), originellement CFT (Confédération française du travail) s'est sabordée en 2002 après une cinquantaine d'années d'existence. Ses membres étaient de Droite et d'extrême-Droite. Ils avaient l'oreille des patrons dont ils étaient très proches (https://fr.wikipedia.org/wiki/Conf%C3%A9d%C3%A9ration_des_syndicats_libres).

LES RELAIS DE SOLIDARITÉ DES GRÉVISTES

Clotaire MOULOUNGUI
Maître de conférences hors classe à l'ULCO (académie de Lille)
Ancien Chef du Département Gestion des Entreprises et des Administrations
Responsable de la licence professionnelle Métiers de la Gestion et du Social

Résumé : La grève détériore souvent le lien confraternel qu'entretiennent les salariés entre eux. Elle ne pénalise donc pas seulement l'employeur et éventuellement des tiers. Le paradoxe est que certains de ces tiers offrent à la grève le carburant moral et le soutien matériel qui lui permettent de perdurer. Car faire grève revient normalement à renoncer à percevoir de salaire durant l'intervalle correspondant.

Mots clefs : Retenue sur salaire ; aides municipales ; caisses syndicales de résistances ; solidarité familiale.

Abstract : Strikes often damage the fraternal bonds between employees. They therefore penalize not only the employer and possibly third parties. The paradox is that some of these third parties provide the strike with the moral fuel and material support that allow it to continue. Going on strike normally means forgoing any wages during the corresponding period.

Keywords : Wage deduction; municipal aid; union resistance funds; family solidarity.

1. – Le financement chaotique des grévistes devenus sans salaire.

La grève détériore souvent le lien confraternel qu'entretiennent les salariés entre eux. Elle ne pénalise donc pas seulement l'employeur et éventuellement des tiers. Le paradoxe est que certains de ces tiers offrent à la grève le carburant moral et le soutien matériel qui lui permettent de perdurer.

Car faire grève revient normalement à renoncer à percevoir de salaire durant l'intervalle correspondant. Alors, pour faire face à cette perte de revenu, le gréviste comptera sur lui-même : il entamera ses éventuelles économies et accentuera sa frugalité (*"se serrer la ceinture"*).

Il comptera aussi sur ses parents et amis. Plus subsidiairement, le gréviste sans revenu s'adressera probablement à une caisse syndicale de résistance, voire à des institutions plus ou moins publiques.

A. – Les caisses syndicales et les dons privés à ces caisses de grève

2. – L'existence d'une caisse ponctuelle ou permanente d'assistance aux grévistes désargentés.

La caisse de résistance financière quérable en cas de grève se nourrit de collectes auprès de sympathisants, et aussi de fonds syndicaux préalablement thésaurisés en vue de l'indemnisation des grévistes. Récemment, le quotidien Sud Ouest titrait : « *Caisses de grèves, cagnottes : comment les syndicats soulagent le portefeuille des grévistes* » (34).

---

34) https://www.sudouest.fr/economie/social/greve/caisses-de-greves-cagnottes-comment-les-syndicats-soulagent-le-portefeuille-des-grevistes-14322537.php. Confer également : « *Montant collecté pour la campagne 2023, Réforme des retraites : 1.053.176,2 €. Montant total collecté depuis la création de la Caisse de Solidarité en 2016 : 4.946.986,37 €* »

Toutefois, ces ressources syndicales n'avoisinent guère les niveaux élevés atteints dans moult pays étrangers. Le lecteur songera par exemple à l'Allemagne (35). Là-bas, *« statutairement, le syndicat doit verser des subsides à ses syndiqués en grève, ou frappés par un lock-out »* (36).

A priori, des grévistes assurés de ne point perdre de revenus en étant en grève paraissent susceptibles de s'y adonner, souvent, et longtemps (37). Ce ne serait néanmoins pas le cas dans ces pays étrangers.

(https://www.caisse-solidarite.fr/). « *La somme collectée est entièrement reversée à des caisses de grévistes mobilisés. Déjà 434 416 € depuis octobre 2022* ! » (https://lafranceinsoumise.fr/caisse-de-greve-insoumise/).

35) Gilles Auzero et autres précités, n° 1519.

36) Jean-Emmanuel RAY, Sur le financement des syndicats, *Droit social* 2008 p.139.

37) Les Français vus de l'étranger, champions du monde de la grève ? FRANCE 24 (https://www.youtube.com/watch?v=BEPZ6A5rcDE). « *La perception allemande de la grève en France oscille entre admiration et indifférence. Lorsque récemment un à trois millions de Français sont descendus dans la rue pour protester contre la réforme des retraites annoncée par le président Nicolas Sarkozy, un dirigeant syndicaliste allemand pouvait tourner son regard vers Paris, avec admiration et envie. Un mouvement de grève aussi étendu n'a pas eu lieu en Allemagne depuis bien longtemps, les grèves politiques y étant du reste interdites. Pourtant, la voix du syndicat des employés de la fonction publique n'a trouvé aucun écho. Les événements en France ont été considérés avec intérêt, quoique généralement sans passion. Presque personne ne souhaitait pour autant l'avènement de quelque chose de comparable aux " relations françaises ". Il y a des raisons à cela, qui résident tout d'abord dans les modèles politiques et institutionnels des relations salariales allemandes qui se sont élaborés au cours des dernières décennies. Ces raisons s'inscrivent ensuite dans une culture politique empreinte de légalisme, qui ne laisse aucune place pour un anarchisme individuel à la française qui s'exprimerait par des grèves non règlementées* » (Hans VORLÄNDER, « Pourquoi y a-t-il si peu de grèves en Allemagne ? », Cités, vol. 46, no. 2, 2011, pp. 153-158.

3. – L'obligation morale et l'obligation juridique des bénéficiaires de l'aide d'un syndicat.

Parce que trop dérisoire, l'aide syndicale n'éloigne finalement pas les grévistes de façon durable de leur labeur dans les chantiers, ateliers et bureaux. En effet, beaucoup d'entre eux renoncent progressivement à la lutte sociale et reprennent donc le travail rémunérateur. Des syndicats y ont alors vu de la duplicité de la part de ces camarades ainsi aidés, mais qui se soumettaient si vite (trop rapidement) à l'employeur et à ses finances.

Ils leur ont conséquemment demandé la restitution de l'aide reçue. Le non-remboursement, par résistance ou pour indigence, de ces grévistes repentis aura donné à la justice l'opportunité de se prononcer en faveur de la restitution exigée par leurs impitoyables syndicats. Pourtant, l'on aurait pu penser que le caractère alimentaire des secours s'opposait à tout remboursement (38).

Et puis, selon un adage, « *donner c'est donner ; reprendre c'est voler* ». En vérité, dit la Cour de cassation (05 juin 1953), l'acceptation de l'aide revenait à s'engager à suivre les directives du syndicat donateur (39). Ce à quoi l'on pouvait rétorquer (aux juges) que l'on ne saurait ainsi abdiquer son libre arbitre pour *« un plat de lentilles »* (40).

---

38) Gilles AUZERO et autres précités, n° 1519.

39) CASS. SOC., 5 juin 1953, JCP 1953. II. 7832 ; 22 juin 1956. II. 9669.

40) Autrefois, la part essentielle de la succession était dévolue en fonction d'un privilège de masculinité et d'un privilège de primogéniture (droit d'aînesse). Selon la Bible (Livre de la Genèse), Esau aura vendu son droit d'aînesse à Jacob, pour un plat de lentilles. Quelle déchéance s'écrient alors ceux qui n'ont jamais connu la faim.

Même si le concept d'aide conditionnelle gagne du terrain (41). Il y a manifestement une discordance avec la solution retenue en matière de votes politiques.

4. – L'admissibilité de la dette morale envers un syndicat plutôt qu'envers un parti politique.

Jusqu'à quel point aliène-t-on valablement son droit à se désolidariser des directives du syndicat ? La jurisprudence avait (ci-dessus) admis que des syndicats achetassent la fidélité ou la solidarité de salariés désargentés. Ces derniers étaient obligés d'utiliser leur droit de grève le plus longtemps possible contre l'employeur.

À l'époque, les juges n'étaient pas forcément des gauchistes, mais sans doute plutôt des conservateurs, voire des réactionnaires. Peut-être auront-ils alors voulu confronter les salariés à leur choix de s'inféoder à un syndicat inspiré par un parti politique lui-même *"téléguidé"* par Moscou et son *"petit père des peuples"* (42).

Que décider dans l'hypothèse comparable où des partis politiques achèteraient la participation d'électeurs au vote ? Ces derniers exerceraient alors leur devoir civique contre un avantage matériel.

---

41) « *L'aide financière conditionnelle est considérée dans le monde entier comme le dernier "remède miracle" pour lutter contre la pauvreté et les inégalités. Cette réputation repose largement sur l'évaluation positive des expériences menées en Amérique latine* » Fábio Veras Soares, Centre International pour l'action en faveur des pauvres (http://www.ipc-undp.org/pub/fra/IPCOnePager3.pdf). C'est dans cet ère que semble désormais entrer le RSA (le revenu de solidarité active).

42) Par esprit polémique, il a longtemps été commun de soutenir que le premier syndicat de France, la CGT, était inféodée au PCF, le Parti Communiste Français. En dépit de l'indépendance du syndicalisme à l'égard des partis politiques et de l'État, selon la Charte d'Amiens (en 1906). Une revue a ainsi mis en scène une disputatio entre Jean RANGER et Gérard ADAM en 1968. Cf. « *Les liens entre le PCF et la CGT : éléments d'un débat* ».

Problème : voter pour le plus offrant constitue un délit punissable à l'égard de l'électeur et du candidat informé (43).

Mais compte tenu du secret du vote ainsi que l'existence d'isoloirs, il impossible de savoir qui aura voté pour qui. Néanmoins, un capitaliste (député-maire francilien) avait subi des poursuites pour avoir apparemment bénéficié de votes de complaisance, ou de votes de reconnaissance (44).

Cela dit, l'on soulignera que dans le monde des affaires, la vente de son vote est paradoxalement tolérée, voire encouragée, à l'occasion des assemblées générales.

---

43) Code électoral, article 106 : « *Quiconque, par des dons ou libéralités en argent ou en nature, par des promesses de libéralités, de faveurs, d'emplois publics ou privés ou d'autres avantages particuliers, faits en vue d'influencer le vote d'un ou de plusieurs électeurs aura obtenu ou tenté d'obtenir leur suffrage, soit directement, soit par l'entremise d'un tiers, quiconque, par les mêmes moyens, aura déterminé ou tenté de déterminer un ou plusieurs d'entre eux à s'abstenir, sera puni de deux ans d'emprisonnement et d'une amende de 15 000 euros. // Seront punis des mêmes peines ceux qui auront agréé ou sollicité les mêmes dons, libéralités ou promesses* ».

44) En effet, disait un arrêt confirmatif d'une ordonnance de renvoi, il avait « *largement puisé dans sa fortune personnelle afin de distribuer des fonds, financer des formations ou des projets divers au bénéfice des habitants et électeurs de la commune, mais également pour rémunérer, selon des techniques de plus en plus sophistiquées et opaques, des "militants", chargés de procéder à des opérations de lobbying dans les quartiers en faveur de sa candidature, puis de celle de son collaborateur Jean-Pierre Bechter* » ; https://www.lexpress.fr/actualite/societe/justice/achat-de-votes-a-corbeil-essonnes-sept-personnes-renvoyees-en-correctionnelle_2096493.html ; https://www.liberation.fr/societe/2014/02/21/peut-on-vraiment-acheter-des-voix_981748.

5. – La solidité de la Caisse Nationale d'Action Syndicale (CNAS) du syndicat CFDT.

Depuis 1974, le syndicat CFDT a mis en place une CAISSE NATIONALE D'ACTION SYNDICALE (CNAS) dont les fonds avoisinent les 130 millions d'euros. Mais un tiers seulement de ce capital est destiné à indemniser les grévistes (45). De sorte qu'en 2008, selon les propres calculs du syndicat, la grève indemnisable ne devait (ne pouvait) pas dépasser 10 jours. D'ailleurs, si lors des deux premiers jours un adhérent pouvait percevoir 20 €, dès le troisième il devait se contenter de 16 euros.

Un document remontant à 2015 consultable sur le site Web du syndicat portait que : *« Pour les grèves de plus de 7 heures, l'adhérent ayant fait l'objet d'une retenue de salaire pour fait de grève, reçoit une indemnité de 7,30 €/h pour les salariés à temps plein, au prorata du temps de travail pour ceux à temps partiel »* (46). Les autres syndicats n'ont pas encore réussi à emboîter le pas à la CFDT et à sa CNAS ; ils procèdent dès lors au coup par coup.

6. – Le secours aux grévistes grâce aux cotisations des rares adhérents et cotisants.

L'idéal serait que chaque syndicat perçoive une grosse masse de cotisations en conséquence de son grand nombre d'adhérents. Or, c'est la perspective de payer des cotisations qui rebute quelques un des travailleurs qui semblent envisager de se syndiquer. Peut-être

---

45) De fait, même tout entière, cette somme se révèlerait insuffisante à compenser le revenu perdu par les participants aux diverses grèves du pays chaque année. Sans compter que le gréviste perd aussi une portion de salaire différé (pension de retraite) en cessant temporairement de cotiser sur la base de son travail.

46) https://www.cfdt.fr/portail/nous-connaitre/nos-services-aux-adherents/la-caisse-de-greve-srv1_320847.

tous ne savent-ils pas qu'une déduction fiscale est en conséquence possible (47).

Elle a lieu au taux de 66 % sur les cotisations faites. La somme à déduire par notre salarié contribuable doit cependant demeurer inférieure à 1 % du montant brut constitué par l'addition de ses salaires, pensions et rentes à titre gratuit. En 2020, pour un revenu de 40.000 euros, le crédit d'impôt était plafonné à : 40.000€ * 1% = 400 €. Et encore fallait-il n'avoir pas choisi la déduction de ses frais réels (48).

Cela étant, si le crédit d'impôt se révélait plus élevé que le montant de l'impôt à payer, ce serait plutôt au Trésor public de se retrouver en situation de débiteur du syndiqué contribuable. Il se trouve que certains individus gagnent trop peu pour avoir quand même à payer des impôts ; des impôts directs tout au moins (49).

---

47) Code général des impôts, article 199 quater C ; Bofip-Impôts n°BOI-IR-RICI-20 relatif au crédit d'impôt pour les cotisations versées aux organisations syndicale.

48) Tout salarié a vocation à payer un impôt sur ses revenus. Le montant sur lequel le calcul de la contribution fiscale a lieu est d'abord déduites de 10 % ; afin de tenir compte des frais professionnels engagés par l'intéressé à l'occasion de son travail. L'administration des impôts rappelle que « *si la déduction de 10 % semble ne pas couvrir l'ensemble de vos frais, vous pouvez déduire leur montant réel sous certaines conditions* » (https://www.impots.gouv.fr/portail/particulier/questions/la-deduction-de-mes-frais-reels-est-elle-plus-favorable).

49) Les intéressés sont dispensés de l'impôt sur le revenu ; ils en sont exonérés. Il n'empêche que même les pauvres et indigents contribuent à l'alimentation du Trésor public. Grâce au paiement d'impôts indirects dont le principal est la TVA. Chacun en supporte donc lors du moindre achat. On les qualifie parfois d'impôts silencieux ou d'impôts indolores, parce que les contribuables ne se rendent forcément pas compte du paiement qu'ils assument. On peut dès lors comprendre que par sollicitude pour les pauvres gens, des partis politiques (déraisonnables ?) préconisent baisse et suppression de la TVA sur divers produits. Mais il leur est rétorqué la

En l'occurrence, la DGFIP (le percepteur) reversera la différence au cotisant syndical. Encore une fois, grâce à cet avantage fiscal (l'économie d'impôt ou plutôt le crédit d'impôt), les syndiqués dont les revenus sont faibles, au point d'être exonérés d'impôts, ne supporteront guère la cotisation qu'ils auront faite au syndicat.

Curieusement, l'employeur offre parfois le paiement de la cotisation. Néanmoins, les adhésions aux syndicats de son entreprise n'augmentent pas pour autant. C'est fut naguère le cas chez l'assureur AXA (50). Et la question paraît demeuré d'actualité ; avec la crainte que l'employeur soudoie et manipule alors des syndicats fantoches (51).

7. – Le doute sur l'augmentation ou la diminution des grèves selon la force des syndicats.

Sans doute tout employeur a-t-il besoin de discuter avec son personnel ; ce qu'il fait par l'intermédiaire de leurs représentants (52).

---

diminution certainement parallèle de la richesse publique, et donc des aides aux individus et aux entreprises.

50) Oui, même lorsqu'il y a rien à payer, plusieurs salariés hésitent encore. Ainsi, la société d'assurance AXA remettait à ses salariés un chèque à déposer au syndicat de leur choix dont ils devenaient alors membres. Apparemment, presque la moitié des salariés ont préféré mettre ce chèque à la poubelle. Néanmoins, l'autre moitié aura permis aux syndicats maisons de fonctionner de façon confortable (Jean-Emmanuel RAY, Sur le financement des syndicats, *Droit social* 2008 p.139).

51) Emmanuelle CLÉMENT, Conditions de validité d'une prise en charge patronale des cotisations syndicales, *DA* 15 février 2021 ; Lucie JUBERT-TOMASSO, Licéité du dispositif conventionnel de prise en charge par l'employeur des cotisations syndicales, *Rev. trav.* 2021. 262.

52) Elsa PESKINE et Cyril WOLMARK, Droit du travail 2024, HyperCours, Dalloz, 2023, n° 1121 : « *Aux termes de l'alinéa 8 du Préambule de la constitution de 1946, "tout travailleur participe, par l'intermédiaire de ses délégués, à la détermination collective des conditions de travail ainsi qu'à la gestion des entreprises". La présence d'institutions chargées de la défense des salariés et de leurs intérêts est donc constitutionnellement reconnue* ».

Toutefois, plus un syndicat réunit de membres, plus il récolte de cotisations. Or, parce que ses finances seront donc prospères, mieux il pourrait soutenir des grévistes.

À première vue, pensera l'employeur, l'absentéisme normalement généré par toute grève risquera finalement d'empirer. Une argumentation inverse se défendrait tout aussi bien. Car si les syndicats sont puissants (en membres et en finances), l'employeur transigera avant la grève. Bref, un rapport de force au profit des syndicats (et des salariés) éloignerait le recours à la grève et préserverait de l'absentéisme qui l'accompagne (53).

Cette conclusion a des chances de demeurer hypothétique, puisque le recours (systématique) à la grève est l'une des caractéristiques essentielles des rapports sociaux en France. Comme dit un auteur : « *La France, patrie européenne de la grève ? Le pays du syndicalisme révolutionnaire, de la grève générale et des grandes fièvres sociales est souvent associé à l'image d'une confrontation permanente* » (54).

8. – Les contours d'une caisse locale de solidarité envers les grévistes.

La survenance d'un conflit social et le besoin d'autogestion peut susciter la création d'une caisse locale de solidarité (55). Elle bénéficiera (pour son alimentation) de la sympathie agissante des voisins immédiats de l'entreprise comme des habitants de la localité. Car ces bienfaiteurs de proximité connaîtront, sinon individuellement

---

53) Cécile GUILLAUME, Enquête sur les pratiques négociées autour des parcours syndicaux, *Rev. trav.* 2020. 111.

54) Stéphane SIROT, La grève en France, Une histoire sociale (XIXe-XXe siècle), Odile Jacob, 2002.

55) Du point de vue de l'économie d'échelle et de la vision de longue durée, le niveau national est le plus pertinent pour tenir une caisse de solidarité envers les grévistes. Dès lors, une portion des cotisations devraient l'abonder régulièrement (chaque mois). Les sommes collectées finiraient pas atteindre des montants appréciables ; d'autant plus qu'il n'y a pas de grève (à indemniser) tout le temps…

les personnes en grève, du moins les raisons de leur arrêt de travail, ainsi que l'entreprise en cause (56).

D'ailleurs, les grévistes parleront volontiers de leur situation dans la rue, surtout aux alentours de leur structure de travail. En général, ils sauront émouvoir et susciter la sympathie des passants. Cependant, les sommes espérées (au profit de la caisse) seront toujours fonction (dépendantes) des revenus des grévistes et de leur entourage.

Précisément, largement supérieure à l'apport d'hôtesses de caisse ou de balayeurs de rues sera la contribution de médecins et de leurs proches (de statuts sociaux comparables). Car si en fin de mois ceux-ci mettent facilement de l'argent de côté, ceux-là sont déjà à découvert avant même (qu'arrive) la deuxième semaine du mois suivant la paie.

De plus, la multiplication des grèves (et donc l'appel trop fréquent à la générosité du public) peut se révéler agaçante et répulsive. Au mieux, quelques bienfaiteurs contribueront encore à l'une des caisses locales en concours. Conclusion : des caisses de secours nombreuses et concurrentes seront toujours presque vides, et donc insusceptibles d'aider efficacement qui que ce soit.

D'où l'intérêt d'une caisse nationale ; malgré son éventuelle opacité de gestion et l'arbitraire possible dans les attributions (57).

---

56) La solidarité s'exerce plus facilement au profit d'une cause de proximité que pour un mouvement déclenché dans une localité située à l'autre bout de la France, et dont on aurait entendu vaguement parler. Cela renvoie à « *la loi du mort-kilomètre* » : « *Cette loi présume que plus un événement est distant de nous, moins il éveillera notre intérêt* » (https://www.la-croix.com/Debats/Forum-et-debats/loi-mort-kilometre-2019-10-18-1201055262).

57) L'une et l'autre (opacité et arbitraire) s'entretenant mutuellement. Mais, son intérêt est l'anticipation de la nécessité d'offrir des secours importants. En tous cas, dit Christian Mahieux, « *il faut insister sur le fait que vouloir créer une ou des caisses de grève à vocation nationale, qui plus est*

9. – Les dissensions syndicales internes à propos des grèves finançables.

Dans toute entreprise, les adhérents d'un syndic peuvent mettre en place une section syndicale ; « *c'est une sorte "d'antenne" du syndicat dans l'entreprise* » (58). Ces antennes, ou cellules, ou sections (selon la loi), se groupent au niveau départemental, régional, et national, pour constituer ensemble une confédération syndicale.

C'est dans ce cadre que des grévistes d'une entreprise auront parfois l'impression que leur demande d'aide serait traitée de façon discriminatoire (59). En effet, au sein d'une confédération existe des courants de pensées plus ou moins contraires. Les membres de tel ou tel courant minoritaire rassembleront à d'affreux opposants.

Concrètement, le courant majoritaire, lequel sera ''*aux commandes*'', se souciera de préférence de la réussite des grèves fomentées par les camarades fidèles à sa ligne officielle. Peut-être les statuts du syndicat devraient-ils prévoir que toutes les grèves sont indemnisables. Ce qui alors annihilerait le sentiment (éventuellement injustifié) d'injustice et de discrimination. Un ressentiment existe aussi relativement aux aides attendues d'institutions.

---

interprofessionnelle, au moment où la grève démarre ou a démarré, tient en réalité de la propagande, sans effet concret à la hauteur des enjeux » (Christian MAHIEUX, militant Sud Rail (Solidaires), https://syndicollectif.fr/caisses-de-greve-et-generalisation-des-greves-une-reflexion/).

58) Elsa PESKINE et Cyril WOLMARK, Droit du travail 2024, HyperCours, Dalloz, n° 1191. Plus généralement, la création de syndicats est libre en France, dit l'article L2131-2 du Code du travail.

59) D'une part, à l'encontre de certaines grèves ; d'autre part, à l'encontre de certains groupuscules de grévistes.

B. – Les secours institutionnels malgré leur fragilité juridique

10. – La suspicion d'encouragement illicite à la grève par de dons aux grévistes.

La jurisprudence judiciaire et la jurisprudence administrative admettent l'octroi de secours aux grévistes et à leur famille dans le besoin. En revanche, ces juridictions se montrent hostiles aux encouragements à la grève par des financements institutionnels (60).

La solution a été dégagée par la jurisprudence relativement aux collectivités territoriales et aux comités d'entreprise (61). À ce propos, une professeure de droit public précise que les décisions d'une collectivité locale doivent poursuivre la protection de l'intérêt général local. Tout au plus le financement indirect des grévistes est-il admissible, par charité républicaine (62).

L'hostilité jurisprudentielle est traditionnellement illustrée par cette affaire où le conseil municipal d'Aigues-Mortes avait décidé (6 juillet 1983) de soutenir les grévistes en lutte contre la plus importante entreprise de la commune. Il s'était en l'occurrence agi du versement exceptionnel de 5000 francs (770 €) au profit du

---

60) Gilles AUZERO, Dirk BAUGARD et Emmanuel DOCKÈS, *Droit du travail, Précis Dalloz*, 2018, n° 1519.

61) CASS. SOC., 8 juin 1977, Bull. civ. V, p. 301 ; 11 juin 1996, R*JS* 7/96, n° 804.

62) Roseline LETTERON : « *Ce n'est donc pas une "caisse" que doit trouver le maire d'Ivry, mais plutôt une réelle finalité d'intérêt local. Concrètement, il s'agit de substituer une dimension sociale à la dimension politique. Mais sans doute cette dimension politique lui est-elle indispensable, à quelques mois des élections municipales ? Dans ce cas, il importe peu que la délibération du conseil municipal soit annulée sur déféré préfectoral. C'est le geste qui compte, ou plutôt la gesticulation* » (http://libertescheries.blogspot.com/2020/01/une-commune-peut-elle-subventionner-une.html).

syndicat CGT, dont certains membres (en grève) souffraient financièrement.

Or le tribunal administratif de Montpellier (13 décembre 1983) annula la délibération municipale ; et son jugement fut maintenu par le Conseil d'État (20 novembre 1985). La raison aura été que le conseil municipal, dont le rôle est de régler les affaires de la commune, n'a pas à *« intervenir dans un conflit collectif du travail en apportant son soutien financier à l'une des parties en litige »* (63).

11. – Le contrôle de légalité du préfet sur les décisions municipales d'aide aux grévistes.

Quelques années après l'affaire Aigues-Mortes, cinq communes des environs de Marseille votèrent pourtant (chacune) une délibération par laquelle leur bureau d'aide sociale verserait une subvention exceptionnelle à l'association *"solidarité cheminots PACA grévistes"*. La somme totale alors ainsi envisagée s'élevait à 52000 francs, c'est-à-dire 8000 euros de nos jours.

Le préfet du département (baptisé à cette époque-là commissaire de la République) obtint l'annulation de ces délibérations par le tribunal administratif de Marseille (21 mai 1987). Les pourvois en cassation intentés devant le Conseil d'État (11 octobre 1989) n'ont alors rien modifié à la situation juridique (64). En effet, la Haute Cour a

---

63) CONSEIL D'ÉTAT, 20 novembre 1985, commune d'Aigues-Mortes Gard, 57139, publié au recueil Lebon (comp. Société Boussac Saint-Frères, 10 mai 1985, n° 31.604). La délibération litigieuse ne pouvait même pas se réclamer des dispositions autorisant un conseil municipal à « *mener des actions pour favoriser le développement économique ou pour aider des entreprises en difficulté* » (même arrêt).

64) Compte tenu de la connexité de ces cinq affaires communales, lesquelles donnaient à juger le même point de droit et à la même époque, le Conseil d'État y a répondu en une fois ; après avoir procédé à leur nécessaire jonction.

(comme à son habitude) dénié au conseil municipal une telle compétence (de gratification).

Puis, il a souligné *« qu'il n'appartient [...] [pas] au bureau d'aide sociale chargé, selon l'article 137 du code de la famille et de l'aide sociale, d'animer "une action générale de prévention et de développement social dans la commune", d'intervenir dans un conflit collectif du travail en apportant son soutien financier à l'une des parties au litige, par le moyen d'une subvention accordée à une organisation de caractère régional liée à cette partie »* (65).

Cela étant, une opinion a progressivement ressenti comme intolérable que des technocrates étatiques (les préfets) disposent d'un pareil pouvoir de filtrage en amont des décisions d'élus (les maires et les conseillers locaux). Aussi les préfets exercent-ils dorénavant seulement un contrôle a postériori des arrêtés possiblement illégaux des autorités décentralisées (66).

Pour ce faire, les représentants de l'État (préfets) défèrent au tribunal administratif (pour annulation) l'acte qu'ils soupçonnent d'être illégal. Au cas justement d'annulation, par exemple de l'avantage octroyé à des grévistes, ces derniers seront conduits à le rembourser. Le comptable public y veillera absolument (67).

---

65) CONSEIL D'ÉTAT, 11 octobre 1989, communes de Gardanne, Penne-sur-Huveaune, Martigues, Grans et Vitrolles, n° 89325 et autres.

66) Pierre VILLENEUVE, Relations État-collectivités territoriales : l'examen du contrôle de légalité, AJCT 2022. 68 ; Jean-Marie PONTIER, Les contrôles et la tutelle, *AJDA* 2022. 1311.

67) Le comptable public commettrait une faute en se refusant à réclamer (avec les moyens coercitifs nécessaires) les entrées possibles d'argent dans les caisses publiques. Outre le risque d'assumer une amende (compétence de la CDBF), notre comptable devra combler de sa poche le manque à gagner subi par le Trésor public. D'où l'intérêt pour lui d'avoir contracté une assurance professionnelle obligatoire ; faute de fortune personnelle comme il était exigé autrefois.

12. – L'illicéité du convoyage municipal de manifestants de la province à Paris.

Toujours à la fin des années 80 (et dans ce qui est devenu le Grand Est), un conseil municipal décida de mettre à la charge du budget communal les frais de transport de quelques uns des participants à deux manifestations parisiennes (14 juin 1987). Elles étaient respectivement dénommées *"marche de la paix"* et *"manifestation pour la défense de la sécurité sociale"*.

Une fois de plus, et pour sa part, le commissaire de la République (de Meurthe-et-Moselle) a obtenu cette fois du tribunal administratif de Nancy (15 décembre 1987) l'annulation de ces prises en charge (68). Appelé à se prononcer sur ces annulations juridictionnelles, le Conseil d'État (19 novembre 1990) s'est aligné sur le jugement nancéen. L'explication est simple : *« les deux délibérations attaquées avaient un objet qui ne présentait pas un caractère d'utilité communale »* (69).

Curieusement, la commune se sera prévalue d'autres de ses propres délibérations (de même type) qui n'avaient jamais été attaquées par le représentant de l'État. Ce à quoi le même arrêt aura répondu que *« la circonstance que d'autres délibérations du même conseil municipal ayant un objet comparable à celui des délibérations attaquées n'ont pas été déférées par le préfet, est sans influence sur la légalité de ces dernières »*.

Autrement dit, la loi applicable n'avait pu disparaître par désuétude du fait de l'activisme municipal et de la passivité préfectorale (70).

---

68) Chacun doit en général se charger lui-même des dépenses nécessaires à l'exercice de ses droits fondamentaux et de ses libertés publiques.

69) CONSEIL D'ÉTAT, 19 novembre 1990, 95219, Commune de Blénod-Lès-Pont-À-Mousson.

70) Dès les premiers cours des facultés de droit, les étudiants apprennent que nul ne peut se prévaloir de ses propres turpitudes. Ainsi, avoir toujours commis un acte illégal jusque-là sans être puni (ou simplement sans être pris) ne protège pas du tout d'éventuelles sanctions pour le futur. Sauf à

Certes, en droit privé comme en droit public, l'acte qui ne remplit pas les conditions de validité prévues par les textes applicables s'avère seulement annulable par le juge compétent.

Si personne n'en fait la demande, au surplus dans les délais, cet acte (annulable) se consolide. Alors, il produit les mêmes effets qu'un acte valablement décidé (71). En l'espèce, les grévistes ne pouvaient se déplacer gratuitement aux frais du budget communal.

13. – La licéité du financement d'œuvres sociales accessibles aux grévistes ou à leur famille.

Les grévistes ne sauraient être aidés directement par une personne publique (comme qui dirait pour les exciter). En revanche, des œuvres sociales au profit de leurs familles sont acceptables. On l'apprend notamment dans l'ARRÊT COMMUNE DE PORT-SAINT-LOUIS-DU-RHÔNE, rendu par le Conseil d'État (11 octobre 1989). Dans cette affaire, deux délibérations successives (8 janvier 1987 et 26 février 1987) du conseil municipal de cette commune ont décidé ce qui va suivre.

---

s'imaginer qu'il y aurait abrogation par désuétude de la disposition légale habituellement violée. Certes, deux décennies avant leur abrogation expresse par le nouveau Code pénal (en 1994), les auteurs des délits de vagabondage et/ou de mendicité se savaient bénéficiaires d'une sorte d'immunité pénale. Peut-être sur le fondement intuitif de l'état de nécessité. De sorte que (par une sorte de retournement des valeurs sociales) ce sont plutôt les maires signant des arrêtés anti-mendicité qui étaient désignés à la sanction des tribunaux et à la réprobation de l'opinion publique. Pour finir et ajouter à la difficulté, c'est la répétition d'un comportement qui finit par devenir l'usage ou la coutume. Un comportement peut-être en décalage avec les règles en vigueur. La remarque s'entend fort bien en droit coutumier (c'est-à-dire non écrit).

71) En cas cependant d'illégalité trop grave ou trop grossière, le droit public neutralise les effets de l'acte litigieux au moyen de la théorie de l'inexistence. Le droit privé fait alors plutôt appel à l'exception de nullité (de nullité absolue), laquelle est perpétuelle.

Pour l'essentiel c'était : *« aider financièrement les cheminots qui viennent d'entamer leur quatrième semaine de lutte »*. La première délibération aura accordé une subvention de 10000 francs (1538 euros) au comité régional d'entreprise de la SNCF. Quant à la seconde, elle ouvrait gratuitement les restaurants scolaires aux enfants des grévistes (72).

Examinant ce second point, le Conseil d'État a jugé que par *« une telle aide le conseil municipal ne s'est pas immiscé dans un conflit collectif du travail mais a entrepris, à des fins sociales, une action présentant un objet d'utilité communale »* (73). Cette seconde dépense étant justifiée, il n'y avait pas dès lors détournement de fonds publics.

14. – L'admissibilité du financement municipal d'une œuvre syndicale locale.

Dans une espèce proche de la précédente, survenue à l'entrée dans ce (nouveau) siècle (novembre 2001), la commune d'Argentan avait voté 9000 francs de l'époque (1384 €) de subventions aux antennes de la CGT et de la CFDT de la ville. Ces subventions furent toutefois annulées, en application du Code général des collectivités territoriales (74).

---

72) Pour commencer, le tribunal administratif de Marseille (21 mai 1987) a invalidé l'octroi de la somme d'argent. Le Conseil d'État (11 octobre 1989) a pareillement condamné cette subvention. La raison est que, aux termes de la loi, le conseil municipal doit (se contenter de) régler les affaires de la commune. Plus précisément, « *il n'appartient pas au conseil municipal [...] d'intervenir dans un conflit collectif du travail* ».

73) CONSEIL D'ÉTAT, 11 octobre 1989, Commune de Port-Saint-Louis-du-Rhône, n° 89628. Dans ces conditions, le tribunal administratif de Marseille se sera donc montré trop sévère en empêchant aussi ce volet de l'entrisme municipal.

74) Aux termes de l'art L1111-2 du code général des collectivités territoriales, les communes, régions et départements règlent par leurs délibérations les

Car le Conseil d'État (4 avril 2005) réclama davantage de discernement de la part de ses juges inférieurs. En effet, « *en jugeant qu'il n'appartenait pas au conseil municipal d'accorder des subventions aux organisations syndicales sans rechercher si les actions menées par les organisations concernées répondaient à un intérêt local, la cour administrative d'appel de Nantes [18 novembre 2003] a entaché son arrêt d'une erreur de droit* » (75).

De fait, quoique l'objet des syndicats soit la défense d'intérêts corporatistes, leurs unions locales peuvent parfois plutôt mener des actions en faveur du développement économique ou social local (76). Mais pour que la subvention reçue dans ce second cadre soit licite, encore faut-il qu'elle ait été formalisée dans le bon instrumentum juridique, le bon véhicule réglementaire (77).

---

affaires de leur compétence. Ils concourent avec l'État à l'administration et l'aménagement du territoire, au développement économique social, culturel et scientifique ainsi qu'à la protection de l'environnement et du cadre de vie. L'article L2121-29, du même code, dispose que le conseil municipal règle par ses délibérations les affaires de la commune.

75) CONSEIL D'ÉTAT, 4 avril 2005, Commune d'Argentan (Orne), n° 264596.

76) Par suite, dit le CONSEIL D'ÉTAT, « *les communes et leurs groupements peuvent accorder des subventions à des organisations syndicales en vue de la réalisation d'actions de cette nature à la condition qu'elles se rattachent de façon suffisamment directe à un intérêt public local et sous réserve qu'elles ne soient pas attribuées pour des motifs politiques ou pour apporter un soutien à l'une des parties dans un conflit collectif du travail* ». Au total, les souffrances des grévistes sont parfois guérissables par la générosité d'un conseil municipal.

77) On sait que même les députés et les sénateurs font dorénavant attention à ne pas voter certaines dispositions (certes défendables), quand la loi en discussion n'a pas de lien réel avec ces dispositions. La loi en question n'est pas alors le bon véhicule (le bon support technique) pour la disposition projetée. C'est ainsi la disparition des « *cavaliers* », notamment des « *cavaliers budgétaires* ». Il se trouve qu'à l'occasion de la discussion de la très volumineuse loi de finances annuelle, l'on en profitait pour faire passer de règles nouvelles, pourtant sans rapport avec le budget de l'État et ses annexes. L'accessibilité et l'intelligibilité des règles en souffraient

1448. – Les campagnes électorales déguisées dans des aides aux grévistes.

En janvier 2020, à CHAMPIGNY-SUR-MARNE, un maire (candidat à la réélection) tint ce discours : *« On ne peut pas laisser la tête dans le sable des gens qui, par leur engagement individuel, se sont battus pour l'intérêt général »* (78).

L'aide municipale alors votée au profit des grévistes aura pris deux formes. Première forme : leur caisse de solidarité devait recevoir une somme grâce à laquelle ensuite verser à chacun d'entre eux au moins 100 €. Cette part individuelle était bien modique. Toutefois, à croire l'édile lui-même, il ne s'agissait nullement de compenser toute leur perte de salaire, *« mais de permettre, ici, de remplir le caddie, là, de régler les factures ou le loyer ».*

Deuxième forme de l'aide : le conseil municipal a entendu créer un *« fonds de solidarité pour les familles campinoises touchées financièrement par la grève ».* Cette seconde manifestation de la générosité municipale ne risquait pas non plus de ruiner la commune. En effet, le taux de recours des nécessiteux (aux aides sociales auxquelles ils pourraient prétendre) est traditionnellement faible (79).

Monsieur LAURENT JEANNE, le challenger (désormais maire) a critiqué les deux mesures *« d'assistanat »*, comme il aurait pu le dire malgré son appartenance politique centriste. Pour lui, ces mesures

---

forcément. Le même sort est partagé par les lois fourre-tout dans lesquelles étaient notamment adoptées Diverses Dispositions d'Ordre Social (DDOS).

78) Corentin LESUEUR, https://www.leparisien.fr/val-de-marne-94/champigny-la-mairie-veut-aider-financierement-les-familles-grevistes-16-01-2020-8237718.php.

79) D'où la préconisation de prestations à la source : attribution sans démarche préalable de la part de l'indigent ; https://www.lagazettedescommunes.com/841932/solidarite-a-la-source-rsa-et-prime-dactivite-dabord/.

provenaient d'un *« pompier pyromane »*. En effet, a-t-il précisé, le maire sortant *« a incité au maximum les agents de la ville à faire grève, et dit maintenant qu'il faut compenser leurs pertes financières »*.

Quelques semaines plus tôt, à la fin de l'année 2019, le maire communiste de la VILLE D'IVRY avait lui aussi convaincu son conseil municipal de soutenir financièrement des grévistes. À cette occasion, une somme de 2000 € leur aura été dégagée. Néanmoins, il aura fallu *« trouver la bonne caisse »*, *« quelque chose d'assez neutre »* (80).

La précaution devançait l'éventuel contrôle de légalité de la préfecture (81). Sachant qu'une aide qui constituerait un appui financier direct à la grève serait illégale.

15. – L'illicéité de l'aide du CSE à d'anciens salariés pour des procès contre l'employeur.

Un employeur peut également contester l'aide offerte à l'action collective d'anciens salariés désireux de l'attraire en justice (82). La

---

80) Lucile MÉTOUT, https://www.leparisien.fr/val-de-marne-94/ivry-sur-seine-la-mairie-versera-2-000-euros-a-une-caisse-de-greve-25-12-2019-8224152.php. Ce maire a été réélu (2020-2026).

81) Malgré le principe constitutionnel de libre administration des collectivités territoriales (Constitution, art. 72, al. 3), le représentant de l'État dans la collectivité (préfet, sous-préfet, gouverneur), est habilité à faire annuler (par le tribunal administratif) les délibérations et arrêtés qui ne tiendraient pas compte de la hiérarchie des normes. En effet, dit le dernier alinéa de cet article 72 (le sixième), « *dans les collectivités territoriales de la République, le représentant de l'État, représentant de chacun des membres du Gouvernement, a la charge des intérêts nationaux, du contrôle administratif et du respect des lois* ».

82) Pourtant, l'employeur doit une protection fonctionnelle même aux anciens salariés poursuivis en vertu de leur emploi. Conf. Valérie MUNOZ-PONS, August DEBOUZY et Agathe de MARCILLAC, Enquête pénale et prise en

question s'était posée de savoir si le Comité d'entreprise pouvait valablement octroyer une telle aide. La cour d'appel de Douai (24 juin 1996) avait répondu par la négative. Cependant, elle fut désavouée par la Cour de cassation (26 janvier 1999).

Car « *l'aide exceptionnelle accordée à d'anciens salariés, licenciés dans le cadre d'un licenciement collectif pour motif économique, à l'effet d'agir en justice pour obtenir le respect des engagements pris par l'employeur dans le plan social, dont le comité d'entreprise avait examiné les dispositions, relève des activités sociales* » (83).

La solidité juridique de l'aide offerte par le CSE (à l'encontre de l'employeur) apparait ainsi plus grande pour une action en justice plutôt que pour une grève.

LE QUORUM DES DÉCISIONS DANS L'ADMINISTRATION

Clotaire MOULOUNGUI
Maître de conférences hors classe à l'ULCO (académie de Lille)
Ancien Chef du Département Gestion des Entreprises et des Administrations
Responsable de la licence professionnelle Métiers de la Gestion et du Social

Résumé : Dans un État de droit, toutes les personnes physiques et morales, y compris l'État, fonctionnent en se soumettant aux règles de droit. Les services publics agissent par conséquent conformément à des règles. Celles-ci sont en particulier le quorum et la majorité, lorsqu'il s'agit d'une instance collégiale, laque décide ou bien conseille (recommande). Des corps de règles les enserrent.

---

charge par l'employeur des frais de défense d'un ancien salarié : précision en cas de transaction, DA 21 juin 2023.

83) CASS. SOC., 26 janvier 1999, Société Gec Alsthom Stein industrie, pourvoi n° 97-10522.

Après un bref aperçu sur elles, nous découvrions leur application dans divers domaines de la vie économique et sociale du pays.

Mots clefs : Quorum ; décisions administratives ; décisions collégiales ; État de droit ; conditions de validité.

Abstract : In a state governed by the rule of law, all natural and legal persons, including the State, operate in accordance with the rules of law. Public services therefore operate in accordance with these rules. These rules include, in particular, the quorum and the majority, when it comes to a collegiate body that decides or advises (recommends). They are governed by a body of rules. After a brief overview of these rules, we will discover their application in various areas of the country's economic and social life.

Keywords : Quorum; administrative decisions; collegiate decisions; rule of law; conditions of validity.

1. – La soumission des services publics au droit positif.

Dans un État de droit, toutes les personnes physiques et morales, y compris l'État, fonctionnent en se soumettant aux règles de droit (84). Les services publics agissent par conséquent conformément à des règles. Celles-ci sont en particulier le quorum et la majorité, lorsqu'il s'agit d'une instance collégiale, laque décide ou bien conseille (recommande).

84) Marie-Christine DE MONTECLER, Des députés veulent recentrer et encadrer l'état d'urgence, *AJDA* 2016. 2352.

Des corps de règles les enserrent. Après un bref aperçu sur elles, nous découvrions leur application dans divers domaines de la vie économique et sociale du pays.

A. – Les généralités sur les décisions collégiales publiques

2. – Les trois compétences limitatives du pouvoir (de décision) de toute Administration.

La compétence des autorités administratives se subdivise en trois volets (matériel, territorial, temporel). La première subdivision comprend la compétence matérielle, en vertu de laquelle, seules certaines matières peuvent être traitées par l'autorité en question. Cette compétence qui concerne les domaines possibles d'action peut être générale (et donc plutôt large), ou au contraire se limiter à quelques sujets (voire à un seul).

Ensuite, il y a la compétence territoriale (ou géographique). Car, si quelques autorités prennent valablement des décisions pour tout le territoire de la République, d'autres n'ont le droit d'œuvrer que dans le cadre de la région, du département, ou de la commune, par exemple. Enfin, il y a la compétence temporelle. Cela veut dire que la compétence a une durée ; ce qui suppose un début et une fin.

Bien souvent, le texte qui confère la compétence indique sa date d'effet ; sinon, l'entrée en vigueur court de la publication (affichage, insertion dans un journal spécialisé, etc.) (85).

---

85) L'incompétence matérielle se rencontre plus fréquemment que les deux autres possibilités d'incompétence. Car si l'autorité (administrative) hésitera parfois sur son droit de s'occuper de tel ou tel sujet, il lui est en revanche nettement plus facile de discerner les contours de ses compétences territoriale et temporelle (Fabrice MELLERAY, Recours pour excès de pouvoir : moyens d'annulation, *Répertoire du contentieux administratif*, n° 15).

Peut-être pourrait-on rajouter la compétence psychosociologique : la passation des pouvoirs. Celle-ci inscrit la personne nommée ou élue dans une lignée ; c'est une sorte de légitimité lignagère continuée dans le temps (86).

3. – Les moyens juridiques, matériels et humains utiles à l'Administration.

En pratique, un service public a besoin de moyens divers pour fonctionner et rendre les services pour lesquels il aura été institué. Ces moyens sont matériels, financiers, humains, et juridiques (87).

Le dernier de ceux-ci (le droit) se révèle comme le moins coûteux : il consiste en la prise de décisions unilatérales qui octroient des droits ou qui limitent la jouissance de droits (déjà acquis). En vérité, les décisions ainsi adoptées sont souvent collégiales. Comme collectifs bien connus l'on citera : le Conseil des ministres ; les assemblées générales ; les conseils d'administration ; les comités ; les commissions ; etc.

D'ailleurs, même quand l'auteur (le décideur) est solitaire, il peut néanmoins rechercher préalablement l'avis d'une instance (un

---

86) « *[…] la passation des pouvoirs, moment fort et secret, où se communiquent, presque de manière magique, de personne à personne, les recettes, les mystères, les tactiques,... les armes* » (Jacques VIGUIER, Gestes et mots symbolique de la passation des pouvoirs présidentiels, LPA 9 juin 1995, n° PA199506901, p. 4).

87) « *Aujourd'hui, seules 5 % des constructions nouvelles dans des habitats collectifs font l'objet de contrôles et le taux de non-conformité frôle les 85 %. Pourtant, la police judiciaire se traduit par un faible nombre de condamnations. C'est la raison pour laquelle l'ordonnance vient doter l'administration d'outils préventifs et coercitifs* » (Jean-Marc PASTOR, Une police administrative élargie à l'ensemble des règles de construction, AJDA 2022. 1594).

comité, une commission, un conseil, etc.). Et l'avis alors reçu n'est pas toujours simplement consultatif (c'est-à-dire facultatif) (88).

La France compte des centaines d'organismes chargés de décider, ou chargés de conseiller des décideurs. Mais puisque plusieurs individus sont espérés dans de pareilles instances, il arrive qu'il y ait des absents plus ou moins nombreux.

4. – La contribution d'universitaires dans les instances consultatives.

Pour éclairer la décision publique, des personnes extérieures s'adjoignent aux élus et/ou aux fonctionnaires chargés d'une matière. Ce sont des experts dénommés *« personnalités qualifiées »* (89).

Parmi celles-ci, l'on trouve généralement des professeurs d'universités. Sachant que la seconde catégorie d'enseignants-chercheurs, constituée par les maîtres de conférences, bénéficie moins souvent de cet honneur. Pourtant, au sein des universités, les uns et les autres accomplissent les mêmes missions. Encore que *« les professeurs des universités ont vocation prioritaire à assurer leur service d'enseignement sous forme de cours [CM et donc nullement sous forme de TD] ainsi que la direction des unités de recherche »* (90).

---

88) Le décideur est parfois tenu de solliciter un avis (avis obligatoire), et quelquefois de s'y conformer (avis conforme).

89) Lucienne ERSTEIN, Les personnalités qualifiées de la commission du titre de séjour, *La Semaine Juridique Administrations et Collectivités territoriales* n° 17, 22 Avril 2013, act. 370 ; Patrice BATTISTINI, La composition du comité consultatif de l'Établissement public d'aménagement de Paris-Saclay est précisée, *LPA* 24 juill. 2019, n° 146u9, p. 9 ; Florent BLANCO, Les fonctions du Conseil d'État, *AJDA* 2022. 1033.

90) Cf. Alinéa 8, de l'article 3, du décret n°84-431 du 6 juin 1984 fixant les dispositions statutaires communes applicables aux enseignants-chercheurs, et portant statut particulier du corps des professeurs des universités et du corps des maîtres de conférences. Conf. Bernard

Paradoxalement, ces « *personnalités qualifiées* » ne sont pas prises en compte dans le quorum. Par exemple, dans la commission départementale relative aux aménagements commerciaux (91). Leurs présences et leurs absences semblent ainsi donc indifférentes.

5. – La justification de l'exigence d'un quorum dans les services publics.

Dans les organismes publics (consultatifs ou décisionnels), il est souvent prévu un quorum obligeant à ne point délibérer si les absents sont trop nombreux. Il serait fastidieux et sans intérêt de les passer en revue. Néanmoins, quelques uns sont ici retenus presque arbitrairement, pour illustrer l'exigence de quorum, et donc les cas où le nombre d'absentéistes doit être considéré comme étant excessif.

D'ores et déjà, l'on retiendra que l'introduction de cette règle du quorum dans le fonctionnement des collectivités locales remonte au 19ème siècle (92). À cet égard, *« les règles générales de quorum, destinées à empêcher que l'organe exécutif prenne des décisions en catimini, ont*

TOULEMONDE, Compatibilité d'une fonction publique et d'un mandat parlementaire : l'assimilation des maîtres de conférences aux professeurs d'université, *AJFP* 2014. 101.

91) Code de commerce, article R752-15, alinéa 3.

92) Jean-Pierre COURTEJAIRE et Michel VERPEAUX, L'élection des présidents des assemblées locales et le quorum, AJDA 2004 p.954 : « *inscrites dans la loi du 10 août 1871 relative aux conseils généraux, dans celle du 5 avril 1884 sur l'organisation municipale et dans celle du 5 juillet 1972 portant création et organisation des régions, elles figuraient dans la loi du 2 mars 1982, avant d'être codifiées en 1996, dans le cadre du code général des collectivités territoriales, aux articles L. 2121-17 pour les communes, L. 3121-14 pour les départements et L. 4132-13 pour les régions. Il est à noter qu'en application de l'article L. 5211-1 les règles de fonctionnement de l'organe délibérant des établissements publics de coopération intercommunale (EPCI) sont identiques à celles applicables au conseil municipal* ».

survécu aux changements d'organisation des collectivités territoriales » (93).

La mission première des conseillers territoriaux (communaux, départementaux, régionaux) est de délibérer entre eux pour choisir l'un des projets en concours. La juridiction administrative réagit à l'inobservation de la règle du nombre : *« Fréquents sont les arrêts qui ont ainsi à sanctionner la méconnaissance de ces règles de quorum »* (94).

6. – La nécessité de pus que la moitié des juges pour chaque affaire.

Il y a déjà bien longtemps, le Conseil d'État (20 février 1953) avait proclamé (par deux arrêts du même jour) le principe suivant : *« Toute juridiction doit atteindre le quorum nécessaire, au moins égal, suivant un principe général du droit, à plus de la moitié de ses membres »* (95). Le lecteur observera qu'il ne s'agit point, de la part de la Cour suprême administrative, d'une pure création prétorienne ; ce serait en effet une mise en exergue d'une règle latente (96).

Par la suite, dans une espèce, la Commission nationale des accidents du travail, normalement composée de huit membres, avait deux absents au moment de connaître de l'affaire litigieuse. La Société

---

93) Jean-Pierre COURTEJAIRE et Michel VERPEAUX, précités.

94) Bernard PACTEAU (Chronique Sous la direction de), sous COUR D'APPEL ADMINISTRATIVE Bordeaux, 13 février 2007, n° 04BX00407, Commune Sainte-Anne [Martinique].

95) CONSEIL D'ÉTAT, sect., 20 février 1953, n° 9772, Sté Intercopie, Lebon 88. Est-il envisageable qu'un organisme juridictionnel siège valablement avec moins de présents que la moitié de l'effectif légal ? La réponse de cet arrêt est oui ; si la loi le prévoit et, donc non, si aucune disposition légale n'introduit cette possibilité d'un quorum inférieur à la moitié.

96) Dans cet esprit, le lecteur se souviendra par ailleurs de la distinction entre les jugements constitutifs (créateurs de droits subjectifs) et les jugements déclaratifs (rappel de droits subjectifs préexistants).

requérante en déduisit que la composition de l'instance n'avait pas été régulière. Le Conseil d'État (20 février 1953) lui donna tort dans son ARRÊT INTERCOPIE.

En voici les termes : *« considérant qu'aucune disposition législative ne détermine le nombre des membres qui doivent être présents lorsque la Commission nationale des accidents du travail est appelée à statuer sur une affaire ; qu'en l'absence d'un texte réglementaire fixant pour cette juridiction un quorum plus élevé ou exigeant la présence de certains membres, une décision de la Commission nationale des accidents du travail est régulière dès lors que la majorité au moins de ses membres a siégé »*. Dans cette affaire, le hasard aura voulu que le nombre de présents corresponde au minimum exigible.

7. – Le sort des mesures en projet en cas d'absentéisme des membres de l'instance.

Que décider si un ou plusieurs membres détiennent une excuse pour manquer à l'appel, malgré une convocation en bonne et due forme ? En général, il est possible de répondre que cela est indifférent : ils sont absents en dépit de leur justificatif. De toute façon, il y a souvent une seconde séance quelques temps après, sans exigence de quorum cette fois.

Néanmoins, le Conseil d'État (13 décembre 1918) aurait pu mettre à part le cas de membres absents consécutivement à leur mobilisation (certainement pour aller faire la guerre). Certes, les membres ayant échappé à l'obligation militaire auraient toujours dû s'efforcer d'être présents. En l'espèce, une commission sanitaire qu'un maire devait consulter n'avait plus que cinq membres disponibles.

Or, seulement trois d'entre eux auront bien voulu se déplacer. Par conséquent, l'arrêté municipal réglementant l'inspection sanitaire des denrées alimentaires d'origine animale fut annulé, pour défaut de quorum (97). Ainsi donc, même dans un tel cas d'absentéisme, le maire ne pouvait se passer de quorum ; sauf lors d'une seconde réunion qu'il aurait alors dû convoquer (98).

8. – Les moments de satisfaction obligatoire du quorum.

Doit-on dire (peut-on dire) que le quorum aura été satisfait si tous les membres ont bien été dans la salle de réunion à un moment donné, mais pas tous ensemble en même temps ? La réponse est négative : le quorum résulte de la présence simultanée du nombre de personnes exigé. La cour administrative d'appel de Bordeaux (13 février 2007) s'est prononcée en ce sens.

En l'espèce, les débats d'une assemblée avaient commencé sans le nombre nécessaire ; puis ce nombre aura été atteint ; puis il se sera réduit à nouveau (99). L'arrêt bordelais confirme (en appel) le jugement du tribunal administratif de Fort-de-France (100). Mais une fois que le quorum est satisfait, il ne sera pas remis en cause par le refus d'un présent de participer au vote ; ou du fait qu'il s'abstienne.

Sans incidence est donc le fait que cet individu choisisse alors de se plonger dans ses dossiers, ou dans la lecture du journal, ou encore

---

97) CONSEIL D'ÉTAT, 13 décembre 1918, n° 61663, Chambre syndicale des Négociants Facteurs Commissionnaires et Expéditeurs aux Halles de Bordeaux, Lebon 1918.

98) Il devait la convoquer en prévision de l'échec de la première, ou bien une fois l'échec acté.

99) COUR D'APPEL ADMINISTRATIVE Bordeaux, 13 février 2007, n° 04BX00407, Commune Sainte-Anne [Martinique].

100) Il n'y a que huit cours administratives d'appel en France (Bordeaux, Douai, Lyon, Marseille, Nancy, Nantes, Paris, Versailles) contre les 37 (ou 36 + 1) cours judiciaires d'appel, dans ces mêmes villes et ailleurs.

dans un jeu sur Internet. Oui, selon la doctrine, *« cette attitude n'a aucune incidence sur le quorum »* (101).

9. – Le paradoxe des présents réputés absentéistes car intéressés.

Parfois, un membre pourtant présent doit être juridiquement considéré comme étant absent. C'est le cas lorsqu'une disposition légale interdit passagèrement à une personne de délibérer avec ses collègues ou, tout au moins, de voter. À cause d'une pareille mise à l'écart, le quorum risquera probablement de manquer.

Le cas le plus fréquent (d'abstention forcée) est celui des conseillers intéressés à l'affaire (102). La loi prévoit plus généralement que le maire, ou que le président de la collectivité territoriale, ne participe pas au vote du compte administratif (103).

Lors du calcul du quorum correspondant, il convient de se dire que le dirigeant public n'aura pas eu l'obligeance de venir présider son assemblée (104).

---

101) Jean-Pierre COURTEJAIRE et Michel VERPEAUX, L'élection des présidents des assemblées locales et le quorum, *AJDA* 2004 p.954.

102) L'intérêt en question est l'avantage (souvent patrimonial) pour l'élu lui-même, ou bien pour un parent, un ami ou une connaissance.

103) Le compte administratif est assimilable à la loi de règlement, au niveau national. Il s'agit de savoir si le budget de la collectivité a été exécuté comme voté à l'origine. Depuis 2021, la loi de règlement a changé de dénomination ; c'est désormais la « *loi relative aux résultats de la gestion et portant approbation des comptes de l'année* ».

104) Jean-Pierre Courtejaire et Michel Verpeaux, précités. « *Le quorum requis déclenche le droit même de délibérer, et sans tenir compte de membres légalement tenus de s'abstenir (V. par exemple, des conseillers intéressés, [...]* » (Bernard PACTEAU (Chronique Sous la direction de), sous COUR D'APPEL ADMINISTRATIVE Bordeaux, 13 février 2007, n° 04BX00407, Commune Sainte-Anne [Martinique]).

10. – Le comptage incertain des représentés parmi les présents.

Une autre fiction juridique aurait pu permettre d'estimer que le membre ayant donné procuration aura en définitive fait le déplacement vers la salle de réunion. Il serait donc considéré comme présent quoique physiquement absent. Mais, telle n'est pas la solution de droit retenue par le Conseil d'État (19 janvier 1983).

Son ARRÊT CHAURÉ proclame en effet que : *« les conseillers absents représentés par un mandataire auquel ils ont donné une procuration ne comptent pas pour le calcul des présents »* (105). Le tribunal administratif de Toulouse (28 juin 1987) a dès lors docilement jugé que : *« Seuls sont décomptés les conseillers physiquement présents »* (106).

En revanche, s'agissant des commissions administratives à caractère consultatif, la présence physique n'est pas indispensable. Effectivement, *« le quorum est atteint lorsque la moitié au moins des membres composant la commission sont présents, y compris les membres prenant part aux débats au moyen d'une conférence téléphonique ou audiovisuelle, ou ont donné mandat »* (107).

11. – L'attente de tous les membres en exercice de l'instance collégiale.

Le quorum serait encore plus difficile à atteindre s'il était calculé sur la base de l'effectif légal de l'assemblée ; et non pas seulement en

---

105) CONSEIL D'ÉTAT, 19 janvier 1983, Chauré, n° 33241, Lebon 7.

106) Tribunal administratif de Toulouse, 28 juin 1987, Dubrez, Rec. TA 1988, n° 32. L'adverbe physiquement donne à conclure que ne compteront pas davantage les personnes qui participeraient aux débats depuis chez elles, loin des collègues installés dans l'enceinte des délibérations.

107) Code des relations entre le public et l'administration, art. R133-10, al. 1. L'alinéa suivant prévoit que : « *Lorsque le quorum n'est pas atteint, la commission délibère valablement sans condition de quorum après une nouvelle convocation portant sur le même ordre du jour et spécifiant qu'aucun quorum ne sera exigé* ».

fonction des membres en exercice. Car certains membres seront peut-être désormais décédés ou démissionnaires, mais n'auront pas encore eu de remplaçants. Selon la formule consacrée, ces membres passés ou potentiels ne sont pas en exercice (108).

S'agissant d'une élection, la personne choisie est réputée entrer en fonction une fois que le scrutin a fait l'objet d'un procès-verbal (109). Les dates et heures mentionnées sur celui-ci tiennent lieu de point de départ du mandat. Certes, un texte particulier peut prévoir une cérémonie d'investiture ou d'installation (110).

Celle-ci déclenchera alors le délai après lequel il ne sera plus possible de contester le nouvel élu (111). Cela veut seulement dire que l'éventuelle contestation ne privera pas automatiquement la personne de son titre d'élu.

À cet égard, le Code électoral permet aux conseillers municipaux dont l'élection serait contestée de rester en fonction jusqu'à la décision de la juridiction compétente (112). Par exemple, dans l'ARRÊT COMMUNE DE CAMELAS, le conseiller municipal contesté était désormais le maire. Malgré la procédure, il pouvait (et devait) gérer les affaires de sa commune ; en attendant (113).

---

108) Jean-Pierre Courtejaire et Michel Verpeaux, précités.

109) CONSEIL D'ÉTAT, 21 novembre 1969, Maire et adjoint de la commune de Cauro, n° 74383.

110) C'est ce jour-là que le nouveau Président de la République signe le procès-verbal qui aura conclu le second tour des élections.

111) Code électoral, article 270.

112) Code électoral, article L250, alinéa 2 : « *Les conseillers municipaux proclamés restent en fonctions jusqu'à ce qu'il ait été définitivement statué sur les réclamations* ». L'application jurisprudentielle est constante. Cf. CONSEIL D'ÉTAT, 28 janvier 1994, Couve et a., élection au conseil municipal de Saint-Tropez, n° 141456.

113) CONSEIL D'ÉTAT, 17 mai 1974, Commune de Camelas, Lebon 292. Diverses théories administratives (telle celle du fonctionnaire de fait) permettent la survie des décisions prises par une personne finalement reconnue comme étant incompétente (matériellement, territorialement, temporellement).

B. – Quelques quorums et majorités d'instances publiques

12. – Le quorum réductible du Bureau central de la tarification et de l'Autorité de la concurrence.

Un candidat à l'assurance obligatoire peut parfois être éconduit par un assureur, même s'il le sollicite solennellement (par écrit). Leur mésentente portera sur le principe même de la garantie, ou seulement sur les primes (cotisations) adaptées au risque à couvrir (114).

Si malgré la mésentente ils ne renoncent pas à contracter ensemble, ils soumettront alors préférentiellement leur cas au Bureau central de la tarification. Les décisions de cet organisme sont prises à la

---

114) Il existe au moins une centaine d'assurances obligatoires. Car notre société contemporaine s'efforce d'éloigner le coup du sort, ou du moins d'aider à en surmonter les méfaits. Grosso mode : l'encaissement d'une indemnité d'assurance permettra de compenser les pertes corporelles ou pécuniaires causées par le destin, ou par l'imprudence, ou par la méchanceté. Originellement, ce sont les détenteurs de fusils et les propriétaires d'automobiles qui apparaissaient comme sources potentielles de danger pour autrui. Aussi devaient-ils contracter une assurance pour indemniser leurs victimes éventuelles. La communication d'incendie aura par la suite donné l'idée d'une assurance-logement. Désormais, presque tous les professionnels sont soumis à l'assurance obligatoire ; de l'industriel SVESO au transporteur de personnes, en passant par le voyagiste et par l'entrepreneur de spectacles. Même les membres des professions réglementées doivent être assurés (avocats, médecins, etc.). Le père de famille doit également souscrire un contrat d'assurance, puisque son enfant constitue un danger permanent en déambulation. Bref, il existe une réelle protection (contre le risque) pour le consommateur, le piéton, le travailleur, le plaideur, le malade, le sportif. Mais encore faut-il que l'obligation d'assurance ait été respectée…

majorité des membres présents, avec voix prépondérante du président, au cas de partage (115).

Ce président est un magistrat de cour suprême ; ou bien c'est un professeur des universités, en activité ou en retraite. Par ailleurs, il y a un nombre égal de représentants des assureurs et de représentants des assujettis à l'assurance obligatoire (116).

Le problème est que la compagnie qui représentera ainsi les assureurs pourrait être celle en cause dans l'affaire. Afin de ne point apparaître à la fois comme juge et partie, cette compagnie se déportera, c'est-à-dire s'obligera à l'abstention (117). Mais alors, le quorum (de trois membres) ne sera peut-être plus atteint. Heureusement, le Code des assurances prévoit alors que : *« si ce déport conduit le président à délibérer avec un seul membre, la décision est régulière »* (118).

L'augmentation des membres de l'instance est plutôt la technique retenue pour l'Autorité de la Concurrence. En effet, sa Commission permanente compte désormais quatre vice-présidents contre trois initialement. Par précaution, son quorum demeure à trois membres. Dès lors, deux vice-présidents, aux côtés du président de cette

---

115) Ce Bureau se subdivise en formations : risques de catastrophes naturelles ; véhicules terrestres à moteur ; engins de remontée mécanique et travaux de construction ; responsabilité civile médicale.

116) Code des assurances, article R250-1.

117) On sait par exemple que : « *Le juge qui suppose en sa personne une cause de récusation ou estime en conscience devoir s'abstenir se fait remplacer par un autre juge que désigne le président de la juridiction à laquelle il appartient* » (Code de procédure civile, article 339). Le justiciable qui doute de l'impartialité de la juridiction ou seulement d'un juge a le droit de demander, respectivement le renvoi à une autre juridiction, ou la récusation du juge en question. Cela étant : « *Si la demande de récusation ou de renvoi pour cause de suspicion légitime est rejetée, son auteur peut être condamné à une amende civile d'un maximum de 10 000 € sans préjudice des dommages-intérêts qui pourraient être réclamés* » (art. 348 du même Code).

118) Code des assurances, article R250-5, alinéa 2.

Commission permanente, rempliront pleinement l'exigence de quorum (119).

13. – Les critères de la délibération d'une chambre des métiers et de l'artisanat.

Confirmant un décret de 1966 (120), le pouvoir réglementaire a de nouveau précisé les conditions d'adoption de ses délibérations par l'assemblée générale du réseau des chambres des métiers et de l'artisanat (CMA). D'abord, une délibération ne saurait porter sur une question n'ayant pas été préalablement inscrite à l'ordre du jour (121).

Ensuite, la délibération se fait nécessairement *« sous réserve que le nombre des membres présents soit au moins égal aux deux tiers des membres en exercice »*. Si le texte avait revêtu la forme du pourcentage, au lieu de deux tiers, il aurait plutôt mentionné 67 %, en arrondissant. Auquel cas les absents représenteraient 33 % au pire.

---

119) Cons. conc. no 06-D-07 du 21 mars 2006 ; Décret de 2002, article 24.

120) Décret no 66-137 du 7 mars 1966, Relatif à CMA France (Décr. no 2019-56 du 30 janv. 2019, art. 6) – Art. 9, IV.

121) Cette exigence d'un ordre du jour précisé et communiqué à chaque membre d'un organisme collégial est une constante. La raison de la règle est que l'on se déplacera d'autant plus volontiers que l'on saura de quoi il sera débattu lors de la réunion. Sauf que par mauvaise volonté ou par mauvaise foi, l'information fournie peut-être particulièrement mince et impénétrable d'emblée.

14. – Les règles contrastées du quorum de l'ANACT et d'offices pour étrangers.

Le quorum du conseil d'administration de l'ANACT est fixé par le Code du travail à la moitié au moins des membres (122). Ainsi, un score de 50 % de présents et de 50 % d'absents apparaît comme une situation acceptable. Chacun des membres n'a qu'une voix. Encore que l'un d'entre eux puisse recevoir mandat, et puisse donc apparemment disposer de plusieurs voix.

À cet égard, précise le Code : *« Nul ne peut être porteur de plus d'un de ces mandats »* (123). D'un autre côté, la réunion reportée faute de quorum est rattrapée, au plus tard, dans les quinze jours ; sans alors plus du tout se préoccuper du quorum. Le Code du travail prévoit en outre des règles similaires à propos du conseil d'administration de l'Office français de l'immigration et de l'intégration (des travailleurs étrangers).

Toutefois, cet office a plus de chance de remplir son obligation de quorum. Car l'on compte les titulaires et les suppléants, physiquement présents ou seulement représentés (124). Enfin, à croire un arrêt du Conseil d'État (01 octobre 1975), une commission de recours des réfugiés et apatrides devait comprendre trois membres, dont un représentant du conseil de l'office, selon la loi applicable et son décret d'application.

---

122) Code du travail, article R4642-5, alinéa 4. Néanmoins, la délibération portera forcément sur le même ordre du jour afin de ne point encourir l'annulation.

123) Code du travail, article R4642-5, alinéa 3.

124) Code du travail, article R5223-11. Le Code de commerce contient une subtilité à propos de l'assemblée générale des chambres de commerce et d'industrie (Code de commerce, art. R711-64). Comme ailleurs, il est bien prévu que le nombre de membres présents ou représentés soit au moins égal aux deux tiers (67 %) des membres en exercice. La subtilité est l'alternative suivante : « *si les membres présents représentent les deux tiers des droits de vote* ».

Or, en l'espèce, le représentant venu n'était pas membre de l'office (125). Pour les conseillers, il s'agissait en cette occurrence d'une *« juridiction irrégulièrement composée »* dont la décision (défavorable) devait être annulée (126).

15. – Le quorum lors de l'élection de l'exécutif d'une collectivité locale.

Les conseillers territoriaux (municipaux, ou départementaux, ou régionaux), récemment élus se choisissent, dans la semaine de leur propre élection, les organes exécutifs de la collectivité concernée. Un quorum doit y être observé. Effectivement, les deux tiers (67 %) du conseil départemental ou du conseil régional doivent être présents, en vue d'une délibération juridiquement utile (127).

Si cette condition n'est pas remplie, la réunion est alors ajournée. Toutefois, une seconde se tiendra de plein droit trois jours plus tard. Celle-ci se déroulera alors sans condition de quorum. S'agissant de l'élection des maires, la règle classique d'un quorum chiffré n'existe pas ; sauf à dire qu'il est du total. Car il est impératif que le conseil municipal soit au complet lors de l'élection du maire et des adjoints (128).

---

125) CONSEIL D'ÉTAT, 2 / 6 SSR, du 1 octobre 1975, 93688, publié au recueil Lebon.

126) Victor HAÏM, Formations de jugement, Répertoire de contentieux administratif, octobre 2015, n° 90. Cela étant, les règles de quorum applicables aux juridictions s'imposent même s'il n'est pas prévu de suppléants en cas d'absence ou d'empêchement des membres titulaires (Conseil d'État,19 janvier 1966, Niquet, Lebon 42).

127) Article L3122-1, alinéa 3, pour l'un, et L4133-1, alinéa 3, pour l'autre, dans le Code général des collectivités territoriales.

128) CGCT, articles L2122-8 et L2122-9 ; Jean-Pierre COURTEJAIRE et Michel VERPEAUX, L'élection des présidents des assemblées locales et le quorum, *AJDA* 2004 p.954.

16. – Le moment idéal du quorum entre le début, le milieu et la fin de réunion.

Le quorum devra-t-il être vérifié à l'occasion du scrutin relatif à chacun des postes d'adjoints au maire ou de vice-présidents de département ou de région ? La réponse est négative : le quorum du début de séance suffira pour la séance entière (129).

La raison est que cette séance n'a qu'un objet identifié, lequel est l'élection interne des dirigeants (130). Le Conseil d'État (04 novembre 1936) s'est prononcé en ce sens. En l'espèce, après le début de la séance, des conseillers municipaux étaient partis de la salle (131).

De tels déserteurs sont simplement considérés comme abstentionnistes (132). Bizarrement, pendant longtemps, cette solution simple et efficace ne s'appliquait pas au conseil départemental et au conseil régional. Ce n'est en effet que depuis une trentaine d'années que le Conseil d'État (11 décembre 1987) aura enfin transposé

---

129) Le Conseil d'État jugeait l'inverse autrefois, s'agissant du conseil général. Le quorum devait donc être atteint lors de chacun des scrutins de désignation des conseillers généraux devant plus particulièrement diriger le département. Cf. Francis-Paul BENOIT et Jean BENOIT, *Encyclopédie des collectivités locales*, Chapitre 1 (folio n°460) - Municipalité : composition, Août 2015.

130) Bien entendu, il convient de réserver le cas où la séance prévoirait la discussion d'autres sujets ; auquel cas le quorum devra-t-il atteint lors de la délibération concernant chacun de ces sujets.

131) CONSEIL D'ÉTAT, 4 novembre 1936, Élection de Plestan, Lebon 956).

132) La règle ne change pas même au cas où la personne élue refuse ses fonctions et qu'une nouvelle élection s'impose alors pour son remplacement prématuré (CONSEIL D'ÉTAT, 27 novembre 1935, Élections de Vellechevreux, Lebon 1105).

analogiquement sa solution communale à ces deux autres collectivités territoriales (133).

17. – Le quorum des marchés publics nationaux et locaux.

L'attribution des marchés publics est faite, tant par des autorités nationales, que par des autorités locales (décentralisées ou déconcentrées). Les jurys d'attribution nécessaires sont soumis à des quorums. C'est dire que leur présomption d'impartialité et de sérieux ne suffisent pas tous seuls : la loi y ajoute un minimum de participants. Le Code des marchés publics affirme que ce quorum n'est atteint que si sont présents la moitié des membres ayant voix délibérative plus un (134).

La solution apparaît de nature à rassurer. C'est manifestement la preuve du respect du principe d'égalité entre les entreprises concurrentes (qui soumissionnent), de même que la preuve de la prise en compte de l'intérêt public. Ce sont deux préoccupations protectrices des administrés (concurrence libre et non faussée) et de la collectivité (priorité au soumissionnaire le moins-disant).

18. – Le quorum en matière de recrutement d'un professeur des universités.

Pour l'université, le quorum à respecter lors du recrutement d'un enseignant-chercheur a été récemment précisé par le Conseil d'État (18 décembre 2017). Dans l'affaire en question, à l'issue de sa qualification (alors préalable) par le CNU (135), une candidate était

---

133) CONSEIL D'ÉTAT, Assemblée, 11 déc. 1987, Élection du président du conseil régional de Haute-Normandie, Le Vern c. Fossé, Lebon 415.

134) Code des marchés publics 2001, article 23, alinéa 2.

135) « *Le Conseil national des universités [CNU] s'impose désormais comme l'unique contre-pouvoir académique face au pouvoir managérial des présidents d'université* » (Olivier DORD, Réforme du statut des enseignants-chercheurs : universités vs universitaires?, AJDA 2010. 323).

presque sure d'intégrer l'Université de Picardie Jules Verne. Car, de toutes les personnes auditionnées (par le Comité de sélection), elle avait été la seule à être reconnue comme coïncidant avec le profil du poste à pourvoir (136).

Mais, après ce favorable premier examen (scientifique et technique), venaient deux autres filtres un peu plus administratifs. À savoir : le conseil académique et le conseil d'administration de l'université. L'un et l'autre ont alors refusé la nomination (en début juin 2016) parce que la règle du quorum n'aurait pas été observée par le comité de sélection (137).

Ce comité comporte huit membres, dont quatre enseignants-chercheurs internes à l'université, et quatre extérieurs, lesquels viennent d'autres universités plus ou moins voisines. Cette parité dans la composition doit ensuite être observée à propos du quorum décisoire : deux membres internes et deux membres extérieurs (138).

Or, lors du classement de l'intéressée (sur la liste où elle aura été retenue toute seule), il y avait trois enseignants-chercheurs de cette

---

Pour les professeurs, l'exigence de qualification par le CNU ne subsiste certainement qu'à l'égard des maîtres de conférences (MCF) sans HDR. Car ceux titulaires de ce diplôme d'HDR peuvent (désormais) directement être recrutés par toute université de France qui aurait un poste à pourvoir. Le CNU semble conserver cette possibilité d'établir une liste nationale d'aptitude (la qualification) pour les juristes voulant devenir professeurs des universités. Une perspective susceptible de mieux justifier la rédaction de cet ouvrage.

136) Frédéric DIEU, conclusions sur CONSEIL D'ÉTAT, 18 déc. 2017, n° 404997, règles de calcul du quorum des membres du comité de sélection des candidats enseignants-chercheurs, *La Semaine Juridique Administrations et Collectivités territoriales* n° 13, 3 avril 2018, 2114

137) CONSEIL D'ÉTAT, 18 décembre 2017, Université de Picardie Jules Verne.

138) Si un professeur des universités peut prendre activement part au recrutement d'un MCF, l'inverse est interdit (par la réglementation et par la décence déontologique).

université Jules Verne et, seulement, deux enseignants-chercheurs extérieurs.

19. – L'équilibre du jury et le respect du quorum grâce au mutisme d'un membre.

Dans l'affaire ci-dessus, il convient de préciser que l'un des trois professeurs picards n'aura pas véritablement pris part aux débats : une participation muette. Le Conseil d'État devait indiquer l'incidence (en droit) de cette présence mutique sur le quorum (139).

Plutôt bizarre que ce professeur ait gagné la salle de réunion pour y rester silencieux ; mais il se trouvait dans un dilemme. D'une part, se rendre à la séance parce que c'était son devoir de membre du comité. D'autre part, s'y taire parce qu'il avait encadré le diplôme d'HDR de l'un des candidats. Son mutisme aura donc été déterminé par la nécessité de respecter le principe d'impartialité, lequel s'impose à tout membre de jury d'un concours administratif.

Son attitude équilibrée a été comprise par le Conseil d'État (18 décembre 2017) (140). C'est donc à tort que les autorités universitaires s'étaient figurées que la condition du quorum n'avait pas été satisfaite. Cela étant, à quoi bon réunir un jury dont des membres, plus ou moins nombreux, s'obligeraient à ne rien dire pendant la discussion sur les candidats ? À croire le Conseil d'État, cela n'est pas forcément bien grave (141).

---

139) CONSEIL D'ÉTAT, 18 décembre 2017, Université de Picardie Jules Verne.

140) En effet, a conclu le CONSEIL D'ÉTAT, il doit être retenu « *que quatre membres du comité de sélection, soit la moitié des membres du comité, parmi lesquels une moitié au moins de membres extérieurs à l'établissement, ont participé à la délibération litigieuse, de sorte que les règles de quorum et de composition fixées par l'article 9-2 du décret du 6 juin 1984 ont été, en l'espèce, respectées* ».

141) On lit ceci dans un arrêt : « *Tous les membres d'un jury d'examen ayant été régulièrement convoqués et six d'entre eux étant présents, le quorum*

Cela étant, tous les services publics se plaignent de fonctionner en sous-effectif. Sans doute était-ce également le cas dans l'Université de Picardie. Dans ces conditions, si des marges budgétaires sont dégagées afin qu'un recrutement ait lieu, il apparaît surprenant qu'un service (une université) rejette cette opportunité. Mais peut-être conviendrait-il plutôt de saluera la détermination à se conformer au droit applicable.

En contrepoint, l'on félicitera par ailleurs la collègue qui aura persisté à vouloir occuper le poste de professeur mis au concours (142).

20. – Le lien entre la lenteur de la justice et le sous-effectif des magistrats.

La lenteur de sa justice constitue un motif récurent de plaintes et de condamnations de la France par la CEDH (143).

---

légalement exigible était atteint même si deux des membres présents ont refusé de prendre part au vote et de signer le procès-verbal » (CONSEIL D'ÉTAT, 30 juin 1978, n° 90338, dame Foussard-Blanpin).

142) L'intervalle de temps entre le refus de recrutement par l'université et l'annulation de son refus par la justice n'étant que d'une année et demie, il est probable que l'emploi n'aura pas été confié à un autre candidat. La phase ultime du concours pouvait donc reprendre ; un peu comme si le Conseil d'État avait été saisie d'une question préjudicielle. L'intéressée pourrait même songer à réclamer une année d'ancienneté dans les fonctions de professeur. D'où un nouveau contentieux en perspective.

143) La CEDH (la Cour Européenne des Droits de l'Homme), dont le siège est à Strasbourg, reçoit les plaintes contre les 46 États du Conseil de l'Europe. Ils sont concrètement parties (prenantes) du traité de Londres du 5 mai 1949. La condamnation suppose que leur législation se révèlera contraire aux droits et libertés fondamentales garantis par ce traité. Si tous les membres de l'Union Européenne (UE) sont membres du Conseil de l'Europe (et justiciables de la CEDH), en revanche une bonne moitié des États de cet ensemble ne font pas partie de l'UE. Par exemple : la Turquie, la Suisse, la Norvège, la Russie, le Royaume Uni. S'agissant précisément des britanniques, ils ont voté pour le Brexit afin notamment d'échapper à la jurisprudence européenne. Or, c'est la jurisprudence de la CEDH qui est

Il se trouve que le sous-effectif des juridictions compromettrait la diligence attendue d'elles. Or, selon une auteure, à cette insuffisance structurelle, se rajoutent : *« les taux d'absentéisme, les temps partiel et les taux de rotation dans certaines cours »* (144).

Fataliste, l'Inspection Générale de la Justice concède que *« cette insuffisance régulière d'effectifs disponibles est une source de désorganisation dans les juridictions, surtout dans un contexte de réformes des procédures et de développement de la communication électronique, qui exige l'appropriation de nouveaux textes et outils et des constructions nouvelles d'organisation »* (145).

Peut-être en désespoir de cause, un élève avocat aura alors un jour complété une formation de jugement (146). Certes, l'organisation judiciaire a périodiquement fait une place aux vieux avocats désireux de passer de l'autre côté de la barre, et donc désireux de changer définitivement de catégorie de robe (ou de toge).

---

la plus agaçante (plutôt que celle de la CJUE). En définitive, c'était le traité de Londres qu'ils auraient dû dénoncer (plutôt que celui de Rome et ses variantes).

144) Olivia DUFOUR, Le triste bilan de la réforme de l'appel civil, *LPA* 26 déc. 2019, n° 150c2, p. 4.

145) INSPECTION GÉNÉRALE DE LA JUSTICE, Bilan des réformes de la procédure d'appel en matière civile, commerciale et sociale et perspectives, Rapport remis le 21 novembre 2019 à la Garde des sceaux.

146) C'est à la cour d'appel de Paris (2 mai 2016) que cet élève avocat aura assisté aux débats et, avec voix consultative, au délibéré d'une affaire d'escroquerie et d'usage de faux. Selon la Cour de cassation, il s'est en l'occurrence agi d'une irrégularité touchant à l'organisation judiciaire (CASS. CRIM., 8 novembre 2017, pourvoi n° 16-83357). Son assistance silencieuse aurait pu être légale, selon l'article 12-2 de la loi n°71-1130 du 31 décembre 1971. Comme le rappelle la Haute cour, « *si, aux termes de ce texte, les élèves des centres régionaux de formation professionnelle d'avocats effectuant un stage dans une juridiction peuvent assister aux délibérés, cette disposition exclut toute participation desdits élèves aux décisions prises par la juridiction* ». La délibération étant couverte par le secret, l'on ose imaginer que l'un des participants en aura parlé au conseil de la partie qui avait succombé.

21. – Le quorum dans les conseils de discipline.

Interjeter appel contre la décision d'un conseil de discipline (scolaire ou universitaire) se fait devant une juridiction administrative spécialisée, dont les juges ne sont pas des magistrats (147). Les justiciables de cette juridiction sont des professeurs ou des étudiants blâmables, car absentéistes, ou retardataires, ou braillards, ou tricheurs.

Lors du procès, le quorum à respecter se calcule en considération de l'effectif légal originellement prévu par le texte applicable, dit la JURISPRUDENCE NAQUET (148). On aurait pourtant pu penser que la seule présence des membres en fonction suffirait ; c'est-à-dire comme dans les assemblées politiques (nationales ou locales). Elle oblige dès lors à prévoir un suppléant pour chaque membre et, de plus, davantage de membres que nécessaire au jugement d'une affaire.

Le chef d'établissement doit ainsi donc vérifier que le conseil de discipline sera toujours en nombre suffisant pour siéger valablement. À cet égard, en première instance, il est prévu que le nombre de présents soit égal à la majorité des membres de ce conseil (149).

---

147) *« Ces dix dernières années, 80% des décisions du Cneser disciplinaire ont concerné les étudiants, 15% les personnels enseignants. Par ailleurs, les deux tiers constituent des décisions sur le fond des affaires, le reste portant notamment sur la procédure. Quel est le profil des personnes impliquées ? Pour quels faits sont-elles jugées ? Quels sont les établissements concernés ? AEF info revient en chiffres sur les décisions rendues par cette juridiction d'appel pour les procédures disciplinaires entre 2008 et 2019, et dont une réforme est en cours »* (https://www.aefinfo.fr/depeche/611379-10-ans-de-cneser-disciplinaire-qui-sont-les-personnes-jugees-pour-quels-faits-et-dans-quels-etablissements).

148) CONSEIL D'ÉTAT, 19 janvier 1966, Niquet, Lebon 42.

149) Code de l'éducation, art. D. 511-35. Le texte ajoute que les absents (et les présents) soient officiellement informés d'une séance de rattrapage, alors

Des règles similaires s'appliquent au conseil de discipline des marins et des pilotes : la moitié au moins de l'effectif comme quorum. Puis, au besoin, il y a programmation d'une nouvelle séance, dispensée d'un nombre obligatoire de présents (150).

22. – La surveillance des manipulateurs de l'argent public par trois juridictions financières.

Au début des années 2000, une chambre de la Cour des comptes (la CC), appelée Cour de Discipline Budgétaire et Financière (la CDBF), ne renfermait que six membres. Or son quorum était fixé à quatre juges. Concrètement, le taux d'absentéisme à considérer comme indifférent c'était deux personnes, soit 33 % (2 sur 6). Le taux de présence indispensable s'élevait donc à 67 % (4 sur 6).

Cette (sous) formation juridictionnelle prononce des amendes pour irrespect des règles de la comptabilité publique. Pour l'essentiel, il sera reproché au coupable des oublis de sommes à recouvrer ou la réalisation de décaissements irréguliers d'argent (151). En général,

---

sans exigence de quorum. Celle-ci a lieu bien vite : 10 jours après, au pire. Néanmoins, pas 5 jours, sauf « *en cas d'urgence* », dit le texte.

150) Code des transports, article R. 5524-32.

151) L'utilisation des deniers publics obéit à des règles constituant la comptabilité publique, elle-même contrôlée par les juridictions financières (dont les pourvois en cassation sont adressés au Conseil d'État). Les agents publics susceptible d'avoir à s'y expliquer sont ceux (percepteurs, intendants, régisseurs, etc.) qui manient les fonds de l'État ou des collectivités locales. Originellement, la Cour des comptes s'occupait toute seule, sur place et/ou sur pièces, de l'ensemble des contrôles dans le pays. Désormais, en province, il y a des CRTC (des cours régionales et territoriales des comptes). La Cour se limite dorénavant aux comptes de l'État et de ses entités administratives (Ministères, universités, musées, agences nationales, etc.), tandis que les CRTC se chargent du contrôle financier des collectivités locales et de leurs entités (mairies, hôpitaux, etc.). Vu que c'est la comptabilité qui est jugée, peu importe en conséquence que dans le service l'on ne trouve que de nouveaux

le comptable ainsi sanctionné n'aura pas manifesté de malhonnêteté à l'égard de son employeur public. Sinon son affaire eût été transmise au juge correctionnel (152).

Cela étant, la Cour des comptes elle-même a d'abord et surtout pour rôle de rédiger des rapports (critiques) sur la rectitude des pratiques des gestionnaires publics. Ce rapport, initialement rédigé par quelques juges, est par la suite repris à son compte par la juridiction tout entière, au moyen d'un vote (153). Le quorum s'y applique bien entendu.

23. – La facilitation de l'atteinte de son quorum par la CDBF.

Il arrive que les magistrats de la CDBF infligent une amende à un fonctionnaire déjà stigmatisé dans un rapport de la Cour des comptes. Un rapport qu'ils auront donc antérieurement voté avec leurs collègues extérieurs à la CDBF. Dès lors, ils sembleront avoir déjà procédé à un pré-jugement du fonctionnaire, dans leur rapport annuel (154).

---

fonctionnaires, les anciens étant morts, en retraite, etc. Enfin, la CDBF est le bras armé de la Cour et des CRTC.

152) Cette situation est en général qualifiée de détournement des fonds publics lorsque l'usage prévue lors du vote du budget n'a pas été respecté. Peu importe que l'irrespect constaté soit défendable. Mais alors la CDBF prononcera une amende purement symbolique, et ne songera pas un arrêt de débet, lequel obligerait à rembourser les sommes déboursées à tort. L'ordonnateur de crédits et/ou le comptable public qui chercherait à s'enrichir encourt des peines d'amende et d'emprisonnement.

153) Stéphanie DAMAREY, *Répertoire du contentieux administratif*, Cour de discipline budgétaire et financière, L'organisation de la CDBF, mai 2017.

154) Dans les années 70, au tribunal de Tchibanga, ma ville natale (et sans doute également dans les villes comparables du Gabon), il n'y avait que deux magistrats : le procureur de la République et le Président du tribunal. Ce dernier remplissait par ailleurs les fonctions (ou les missions) de juge d'instruction.

Par souci d'impartialité, la CDBF doit se dessaisir du dossier (d'office ou sur demande), et le renvoyer au Conseil d'État, sa juridiction supérieure et suprême (155). Habituellement, c'est en seconde et dernière instance que le Conseil d'État tranche les litiges des comptables publics. Du coup, le déport des juges de la CDBF présente l'inconvénient de priver le justiciable du droit à une première instance (de jugement).

Ce problème aura été à l'origine de l'émergence d'une idée de nature à satisfaire tant l'exigence d'impartialité que celle de quorum. C'est le doublement des membres de la CDBF (de 6 à 12) avec maintien du quorum originel. Ainsi donc, l'absentéisme toléré est passé à 8 juges (c'est-à-dire les 2 d'avant, et les 6 nouveaux). D'où un pourcentage de 67 % environ d'absentéisme indifférent.

À l'inverse, le pourcentage obligatoire de magistrats présents est devenu 33 % (4 sur 12). Grâce à cette réforme, la question du quorum ne devrait plus se poser devant la juridiction financière répressive (156). Les pouvoirs publics nourrissent des projets identiques à propos des quorums appliqués en droit privé.

155) CDBF, 15 juin 2004, Centre hospitalier spécialisé Paul-Guiraud de Villejuif, n° 146-414-I, Lebon 535.

156) Subsistera néanmoins un jugement en seconde instance de la part de juges (du Conseil d'État) non spécialisés en finances publiques. Ce à quoi il est facile de répondre que les juges additionnels sont des membres du Conseil d'État. Or, ce dernier est de toute façon le juge d'appel (et de cassation) en matière de comptabilité publique. En outre, parmi les quatre membres obligatoirement présents, il y aura forcément un juge financier. C'est-à-dire que 25 % au moins de la décision de première instance proviendra d'un tel conseiller.

LES SUBVENTIONS ET REPRISES DE DETTES LIÉES AUX GRÈVES

Clotaire MOULOUNGUI
Maître de conférences hors classe à l'ULCO (académie de Lille)
Ancien Chef du Département Gestion des Entreprises et des Administrations
Responsable de la licence professionnelle Métiers de la Gestion et du Social

Résumé : Ce sont les charges de personnels qui représentent le plus important poste mensuel de dépenses de la plupart des structures privées ou publiques. Dès lors, bon an ou mal an, les salaires payés, de même que les charges sociales et fiscales afférentes, alourdissent leurs déficits financiers. Ces difficultés économiques s'expliquent notamment par le maintien du salaire aux non-grévistes ainsi qu'aux absentéistes dignes d'intérêt ou de compassion. Leurs situations financières obérées les obligent à se tourner vers les pouvoirs publics, en vue d'une *« aide d'État »*. Or, cela n'est pas forcément compatible avec le principe européen de libre concurrence, loyale et non faussée.

Mots clefs : Gréviculture ; délégataires du service public ; subventions étatiques ; compétitivité française ; concurrence libre et non faussée.

Summary: Personnel costs represent the largest monthly expense for most private and public organizations. Consequently, year in and year out, salaries paid, along with the related social security and tax contributions, increase their financial deficits. These economic difficulties are explained in particular by the continued payment of salaries to non-strikers, as well as absentees worthy of concern or compassion. Their burdened financial situations force them to turn to public authorities for "state aid." However, this is not necessarily compatible with the European principle of free, fair, and undistorted competition.

Keywords : Strike culture; public service delegates; state subsidies; French competitiveness; free and undistorted competition.

1. – Les subventions publiques au secours d'une gréviculture coûteuse.

Ce sont les charges de personnels qui représentent le plus important poste mensuel de dépenses de la plupart des structures privées ou publiques. Dès lors, bon an ou mal an, les salaires payés, de même que les charges sociales et fiscales afférentes, alourdissent leurs déficits financiers. Ces difficultés économiques s'expliquent notamment par le maintien du salaire aux non-grévistes ainsi qu'aux absentéistes dignes d'intérêt ou de compassion.

Le patronat et ses défenseurs déplorent en l'occurrence le « *coût du travail* » ou le « *surcoût salarial* » (157) ; malgré quelques protestations (158). En France, le facteur travail serait pénalisé (dans sa compétitivité internationale) par les grèves. Aussi un ministre des transports aura-t-il désapprouvé la gréviculture sévissant même dans les entreprises publiques déjà déficitaires (159).

---

157) Christophe WILLMANN, Chapitre 1er – Mesures d'allègement des contraintes/baisse du coût du travail, Répertoire de droit du travail, juillet 2022 ; François Gerber, *Coûts du travail et législation sur la protection de l'emploi*, préface Christophe Asses, Humensis, 2021, 372 p. + tables et biblio – Antoine Lyon-Caen – Rev. trav. 2022. 66.

158) Gilbert CETTE et Christophe RAMAUX, Le coût du travail est-il vraiment trop élevé ? Rev. trav. 2012. 671.

159) Contrairement à ce qui a pu être pensé, ce ministre (Clément Beaune) n'est pas l'inventeur de ce barbarisme (antigrève) que l'on trouvait déjà

Du reste, leurs situations financières obérées les obligent à se tourner vers les pouvoirs publics, en vue d'une *« aide d'État »*. Or, cela n'est pas forcément compatible avec le principe européen de libre concurrence, loyale et non faussée (160).

Mais l'État français se croit tenu de proposer à ces structures des subventions et des reprises de dettes (161). D'ailleurs, les collectivités territoriales se risquent également à une telle générosité sur deniers publics (162).

---

sous la plume commune de deux auteurs, dans une étude en lien avec la SNCF. En effet notent-ils : « *les bilans successifs de l'activité sociale sont souvent qualifiés de "gréviculture"* » (Norbert OLSZAK et Serge SCHAEFFER, L'accord sur l'amélioration du dialogue social et la prévention des conflits à la SNCF : un modèle pour la réduction des grèves dans les services publics ?, *La Semaine Juridique Social* n° 1, 28 Juin 2005, 1001, *La Semaine Juridique Administrations et Collectivités territoriales* n° 29, 18 Juillet 2005, 1273).

160) *« Le traité sur le fonctionnement de l'Union européenne (TFUE) établit les règles de libre concurrence applicables aux entreprises et le régime des aides d'État. S'agissant de ces dernières, et sauf dérogations prévues par les traités, les aides accordées par les États ou au moyen de ressources d'État, sous quelque forme que ce soit, qui faussent ou menacent de fausser la concurrence en favorisant certaines entreprises ou certaines productions sont incompatibles avec le marché intérieur »* (Farbod KHANSARI, Concurrence : la dimension européenne, JA 2022, n°652, p.27). David BOSCO, Vers un nouveau pilier du droit européen de la concurrence : le contrôle des subventions étrangères, Contrats Concurrence Consommation n° 7, Juillet 2021, comm. 123.

161) Loïc GRARD, Aides d'État aux entreprises ferroviaires : la doctrine officielle, Revue de droit des transports n° 7-8, Juillet 2008, comm. 135 ; « *La création de la SNCF est en fait la reprise par l'État des dettes des compagnies privées concessionnaires et leur transformation en actions majoritaires du capital* » (Jean-David DREYFUS, Entreprises du secteur public Sociétés, Com. *Répertoire des sociétés*, 2016).

162) Muriel DREIFUSS, § 4 - Règles à respecter dans le cadre de la reprise en régie, *Encyclopédie des collectivités locales* / Chapitre 2 - Stationnement payant : contrôle des contrats par les juridictions financières, novembre 2018.

2. – L'idée d'une indemnisation étatique des diverses pertes dues aux grèves.

Les dépenses inopinées et les gains ratés par un employeur du fait des grèves (même de son personnel) pourraient être à la charge de la collectivité nationale. Plus exactement, si le législateur était logique avec lui-même, sans doute les employeurs victimes de l'exercice du droit de grève devraient-ils pouvoir prétendre à une indemnisation.

Car, les grévistes causent leurs préjudices à l'occasion de l'usage d'un droit constitutionnel. Autrement dit, un employeur ne devrait nullement supporter seul les conséquences économiques qui découlent d'une grève (163).

L'idée est alors de faire appel à une variété de responsabilité administrative sans faute : la responsabilité du fait des lois (164). Cela ne serait pas inédit, même si l'on songe davantage aux préjudices d'une loi ordinaire plutôt que (carrément) d'une loi constitutionnelle.

En vérité, observe une professeure : *« le contentieux de la responsabilité du fait des lois issu de l'arrêt La Fleurette du 14 janvier 1938 [...] est un domaine aride de la responsabilité publique, illustré seulement par de rares cas d'application positive. Pour cette raison déjà, on retiendra l'arrêt Association pour le développement de l'aquaculture du 30 juillet 2003, dans lequel le Conseil d'État consacre une nouvelle hypothèse d'engagement de la responsabilité de l'État législateur »* (165).

---

163) À cet égard, « *les entreprises en difficulté sont incontestablement les premières touchées quand le service public de la justice est interrompu* » (Alain LIENHARD, L'État est-il responsable de la paralysie des tribunaux de commerce ? D. 2001. 1154).

164) Thibaut LELEU, Essai de restructuration de la responsabilité publique, A la recherche de la responsabilité sans fait, Biblio droit public, t. 280, LGDJ 2014, n° 63 et suivants.

165) Camille BROYELLE, La responsabilité du fait des lois : la réparation des seuls effets secondaires de l'application de la loi, *La Semaine Juridique*

C'est une question d'égalité de tous devant les méfaits des lois. Même de celles que l'on ne saurait accuser d'être des « *lois scélérates* », lesquelles combattaient des anarchistes plutôt que des grévistes.

3. – Les exemples d'indemnisations de victimes par l'État pourtant innocent de toute faute.

Il existe de nombreux cas dans lesquels le Trésor public indemnise des victimes souffrant d'un préjudice dont l'auteur n'est ni l'État, ni l'un de ses démembrements (166). Un exemple emblématique est aujourd'hui fourni par les dommages résultant des attroupements des Gilets Jaunes (167).

De fait, l'article 92 de la loi du 7 juin 1983 met à la charge de l'État la réparation des préjudices consécutifs à des attroupements. Pour le Conseil d'État, tel aura été le cas, le 17 décembre 1984, quand les installations ferroviaires de la gare de Viviez-Decazeville furent détériorées (168).

Puisque la loi ne distingue pas selon la nature des dommages déplorés, il y a possibilité d'une condamnation de l'État pour tout dommage dont la source directe et certaine serait de tels agissements (les attroupements). Si le cas échéant l'indemnisation des dommages

---

Administrations et Collectivités territoriales n° 41, 6 Octobre 2003, 1896 p. 1299.

166) Mon collègue de l'Université voisine (l'Artois) a rédigé une thèse entière sur la question : Thibaut LELEU, précité.

167) Fleur JOURDAN, "Gilets jaunes", L'État est-il responsable ?, JCP Adm. 2019. 2051 ; Sébastien PELLÉ, Actes illicites commis à l'occasion d'une manifestation : de l'imbroglio des responsabilités à l'imbrication des fautes, *D. 2*019. 563. GAJA, Responsabilité du fait des lois.

168) Il s'agissait en l'occurrence du délit de destruction volontaire de biens d'autrui. La SNCF était donc fondée à soutenir que c'est à tort que le tribunal administratif de Paris (28 mars 1997) avait rejeté sa demande d'indemnisation dirigée contre l'État (CONSEIL D'ÉTAT, 15 juin 2001, n° 215435, SNCF). En l'espèce, l'État aura dû payer 140.992,25 francs à la SNCF.

(corporels et matériels) allait de soi, le doute a cependant pu exister pour un préjudice commercial, un préjudice dû à un surplus de dépenses ou à un reflux de recettes (169).

4. – L'argument financier contre l'indemnisation étatique de toute victime d'une grève.

Pourquoi donc l'État indemnise-t-il les victimes d'un acte qu'il interdit (les attroupements), tout en délaissant au contraire les victimes d'un acte qu'il consacre (la grève) ? Peut-être est-ce parce que les grèves (plus ou moins dommageables) sont infiniment plus nombreuses que les délictueux attroupements préjudiciables. Les budgets nécessaires aux indemnisations devraient être particulièrement importants.

Certes, l'indemnisation des victimes de la grève pourrait dépendre de leur propre part (fautive) dans la survenue de celle-ci et/ou de leur dommage. On pourrait également faire entrer en ligne de compte l'incidence concrète du préjudice sur le patrimoine de la victime prétendue. Ainsi, un plafond plus ou moins proportionnel existerait. Mais encore une fois, beaucoup se demanderont si c'est bien le moment d'une semblable manifestation de générosité étatique (170).

---

169) Le Conseil d'État juge que l'indemnisation collectivisée est due aux victimes. La ville de Paris et les commerçants de cette ville viennent de se faire reconnaître le même droit par cette juridiction, à propos des préjudices causés par les Gilets Jaunes. Cf. https://www.lemonde.fr/societe/article/2022/05/06/gilets-jaunes-l-etat-condamne-a-indemniser-paris-pour-les-degradations_6125082_3224.html.

170) La France gagnerait une place de plus dans le palmarès de protection des habitants du territoire ; mais aussi une place de plus sur la liste des États surendettés. Déjà, après la précédente crise financière majeure de 2008, l'on a pu écrire que : « *Il existe de nombreuses règles de maîtrise des finances publiques nationales et internationales. Elles n'ont pas été respectées de manière rigoureuse. Or, les comptes de l'État sont déséquilibrés depuis fort longtemps et la crise a aggravé cette situation. Alors que les efforts de redressement sont encore peu explicites, de nouvelles*

C'est à ce niveau qu'il opportun de suggérer un fonds de garantie. Comme il pourrait compter sur les cotisations des partisans des grèves (les syndicats et les partis de Gauche), peut-être faudrait-il inciter les victimes potentielles des grévistes (à savoir le patronat) à accepter un impôt de plus. À l'instar des dommages de guerre, les dommages de grève serait socialisés.

règles sont nécessaires, mais ne suffiront pas » (Jean-Raphaël ALVENTOSA, L'équilibre des comptes de l'État, *RFFP* février 2012, n° 117, p. 99).

L'ABSENTÉISME PAR CHOIX D'UNE AUTRE ACTIVITÉ CONCOMITANTE

Clotaire MOULOUNGUI
Maître de conférences hors classe à l'ULCO (académie de Lille)
Ancien Chef du Département Gestion des Entreprises et des Administrations
Responsable de la licence professionnelle Métiers de la Gestion et du Social

Résumé : L'hypothèse de départ est qu'une personne, par exemple le député ou le sénateur, doit assumer une activité donnée à titre principal ; en l'occurrence celle de parlementaire. Or il lui faut la délaisser (exceptionnellement ou régulièrement) pour une autre activité qui a lieu dans le même laps de temps. La seconde se révèle même parfois utile à la première (le mandat parlementaire).

Mots clefs : Absentéisme parlementaire ; excuses ; intérêt des absences ; cumul des mandats ; double inscription universitaire ; don d'ubiquité.

Abstract : The initial assumption is that a person, for example a Member of Parliament or a Senator, must primarily perform a given activity; in this case, that of a parliamentarian. However, they must abandon this activity (exceptionally or regularly) for another activity that takes place during the same time frame. The latter sometimes even proves useful to the former (parliamentary mandate).

Keywords : Parliamentary absenteeism; excuses; benefit of absences; multiple mandates; dual university enrollment; gift of ubiquity.

1. – La volonté d'une conduite de plusieurs activités de front.

Ici, l'hypothèse de départ est qu'une personne, par exemple le député ou le sénateur, doit assumer une activité donnée à titre principal ; en l'occurrence celle de parlementaire. Or il lui faut la délaisser (exceptionnellement ou régulièrement) pour une autre activité qui a lieu dans le même laps de temps.

La seconde se révèle même parfois utile à la première (le mandat parlementaire). En particulier lorsqu'il va entreprendre des démarches auprès d'administrations publiques ou d'opérateurs privés en vue d'un bienfait au profit de son terroir et/ou de ses mandants. Encore que cela frise le trafic d'influence et la rupture d'égalité entre les citoyens (171).

Mais, plus souvent, au moins l'une des deux activités menées de front souffre de l'insuffisance du temps qui lui est finalement consacré. C'est le cas lorsqu'il y a cumul de mandats politiques, ou bien coexistence d'un job étudiant avec une poursuite d'études. L'étudiant est d'ailleurs susceptible de se disperser différemment, au travers d'une *« double inscription »* censée lui permettre de préparer et d'obtenir simultanément deux diplômes.

Nul (humain) n'ayant le don d'ubiquité, l'on déplore par conséquent assez régulièrement de l'indisponibilité pour l'une ou pour l'autre des activités à assumer. Heureusement, divers moyens techniques

---

171) Certes, un sénateur (davantage qu'un député) est le défenseur des collectivités territoriales, et du sien en particulier. Contribuer à la réussite économique de celui-ci, ou à son prestige historique et touristique, parait ainsi ressortir de sa compétence. Du reste, les sénateurs et les députés ont des permanences, c'est-à-dire des locaux dans lesquels ils écoutent les doléances des populations qui veulent bien s'adresser à eux de façon plus ou moins civile. De fait, certains concitoyens mécontents préfèrent saccager ces permanences, généralement en réaction contre tel ou tel vote du parlementaire.

contemporains aident dorénavant à se démultiplier, et donc à surmonter l'absentéisme prévisible (172).

2. – La limitation du cumul d'emplois pour l'agent public et pour le salarié à temps complet.

Par crainte de l'absentéisme et d'une disponibilité parcellaire, des règles encadrent le cumul d'emplois et de rémunérations dans la fonction publique. Ainsi, aux termes de la loi, *« le fonctionnaire consacre l'intégralité de son activité professionnelle aux tâches qui lui sont confiées. Il ne peut exercer, à titre professionnel, une activité privée lucrative de quelque nature que ce soit [...] »* (173).

C'est apparemment logique : si l'agent utilisait une partie de son temps à d'autres activités, il deviendrait probablement moins disponible (et moins frais) pour l'Administration, son employeur principal. Notre agent pourrait ainsi être parfois conduit à arbitrer entre absence et présence au sein du service.

Cette règle est susceptible de pénaliser injustement les pauvres bougres occupés à temps partiel, ou à temps incomplet. Car ils ne perçoivent probablement pas assez pour vivre dignement d'une seule activité subordonnée. Par conséquent, des atténuations existent, ainsi que le rappelle le Conseil d'État (03 octobre 2002) (174).

---

172) Jean-Emmanuel RAY, De l'ANI du 26 novembre 2020 sur le télétravail à l'avenir du travail à distance, Droit social 2021. 236 : « *dans quel état seraient aujourd'hui nos économies sans télétravail... ou si Internet et les télécommunications avaient déclaré forfait ? [...]. Avec la montée concomitante de l'obligation de résultat, nombre de télétravailleurs d'aujourd'hui seront-ils encore salariés demain ?* ».

173) Article 25 septies, Loi n° 83-634 du 13 juillet 1983 portant droits et obligations des fonctionnaires ; loi dite loi Le Pors.

174) « *Est considéré comme emploi [...] toute fonction qui, en raison de son importance, suffirait normalement à occuper à elle seule l'activité d'un agent et dont la rémunération, quelle que soit sa dénomination, constituerait à raison de sa quotité un traitement normal pour ledit agent ;*

Néanmoins, des textes récents sur la déontologie insistent sur cette règle (trop souvent oubliée) d'un emploi unique (175). D'ailleurs, dans le secteur privé aussi, le salarié ne cumule pas impunément des emplois ; même en les assumant tous correctement (176). Pire, le Code du travail envisage les *« Cumuls irréguliers d'emplois »* comme étant l'une des six variantes du travail illégal (177).

---

que les deux conditions ainsi énoncées, relatives d'une part à l'importance quantitative de l'activité impliquée par l'emploi et d'autre part, au caractère normal du traitement y afférent, sont cumulatives ». En l'espèce, la fonctionnaire (professeure des écoles) percevait une rémunération mensuelle de 977 € au titre de ses fonctions de secrétaire de mairie de la Commune de Levainville, et était employée dans ces fonctions seulement quinze heures par semaine (CONSEIL D'ÉTAT, 03 octobre 2002, Commune de Levainville, n° 249160).

175) Si les deux lois portant sur la transformation de la fonction publique remontent à 2016 et 2019, les contrôles déontologiques n'ont ensuite été précisés que par le décret 2020-69.

176) Alors, l'employeur usera de son pouvoir disciplinaire (pour violation de dispositions implicites du contrat de travail, en considération de ses suites logiques ou coutumières). Quoi qu'il en soit, selon le Code du travail, article L8261-1 : « *Aucun salarié ne peut accomplir des travaux rémunérés au-delà de la durée maximale du travail, telle qu'elle ressort des dispositions légales de sa profession* ». L'article suivant précise immédiatement que « *Nul ne peut recourir aux services d'une personne qui méconnaît les dispositions de la présente section* ».

177) Code du travail, article L8211-1. Cependant, l'article L8261-3 tempère, ainsi que l'on peut la lire ci-après. « *Sont exclus des interdictions prévues à l'article L8261-1 : //1° Les travaux d'ordre scientifique, littéraire ou artistique et les concours apportés aux œuvres d'intérêt général, notamment d'enseignement, d'éducation ou de bienfaisance ; // 2° Les travaux accomplis pour son propre compte ou à titre gratuit sous forme d'une entraide bénévole ; // 3° Les petits travaux ménagers accomplis chez des particuliers pour leurs besoins personnels ; //4° Les travaux d'extrême urgence dont l'exécution immédiate est nécessaire pour prévenir des accidents imminents ou organiser des mesures de sauvetage. Ces exceptions sont invocables par les fonctionnaires aussi, dans le cadre des lois qui les concernent* ».

Cependant, dès lors que le cumul est régulier, l'employeur (surtout le second) ne saurait ensuite légitimement se plaindre de passer parfois au second plan (178).

3. – La contradiction entre refus du cumul d'emplois et incitation à l'entrepreneuriat parallèle.

Le législateur se contredit un peu en commençant par un refus du cumul d'emplois publics ou privés aux volontaires ayant déjà un poste à temps plein. Or, il encourage ensuite tous les Français vers un entreprenariat à tout crin.

Le site Internet actualisé du Premier ministre assure que *« le Gouvernement souhaite favoriser l'esprit entrepreneurial français afin d'encourager la création, le développement des entreprises, et la rémunération de l'investissement au service de l'emploi »* (179). Cette préoccupation va même en direction d'un entrepreneuriat étudiant (180).

De pareils entrepreneurs en herbe seront alors fatalement en partie indisponibles pour leurs études. D'ailleurs, ils auront la faculté

---

178) Le temps consacré à un(e) amant(e) est forcément limité, même s'il est vécu intensément et s'avère plus fructueux que le ronron conjugal. De tels amours (de repli ou de regain) peuvent d'ailleurs durer des années, indique Alix Leduc, dans Marie Claire (https://www.marieclaire.fr/,amour-secrets-amants-passion-annees-adulteres-couple,2610376,662953.asp).
Néanmoins, les choses ne se passent pas toujours aussi paisiblement que dans Jules et Jim (roman d'Henri-Pierre Roché, et adaptation cinématographique de François Truffaut). En effet, une relation à trois se termine trop souvent de façon pathétique et/ou dramatique. De fait, « *Les histoires d'amour se terminent mal … en général* », ont successivement soutenu une chanson des Rita Mitsouko et un film d'Anne Fontaine.

179) https://www.gouvernement.fr/action/l-entrepreneuriat.

180) https://www.enseignementsup-recherche.gouv.fr/cid143534/www.enseignementsup-recherche.gouv.fr/cid143534/les-actions-de-l-etat-en-faveur-de-l-entrepreneuriat-etudiant.html.

d'obtenir des dérogations à la présence aux TD et autres séminaires obligatoires. Mieux, leur projet entrepreneurial prendra la place du stage réglementaire, ou équivaudra à des modules ouvrant droit à des ECTS.

Quelques années avant qu'un Premier ministre s'écrie *« Vous avez l'amour et vous avez les preuves d'amour »* (181), un auteur avait pu ironiser en ces termes : *« Bienheureux chefs d'entreprise ! Alors que la "tolérance zéro" est une devise qu'on nous chante depuis quelques mois sur tous les tons, voici que, par deux fois, le président de la République [Nicolas Sarkozy] les a assurés de sa compassion devant le risque pénal excessif auquel ils seraient, aujourd'hui, injustement exposés »* (182).

Mais l'on assiste à des atermoiements législatifs, de sorte que les fonctionnaires semblent moins attendus, ce qui est à rebours de la volonté sarkozyste d'auto-entreprenariat (183).

4. – L'agacement de l'employeur progressivement délaissé pour une création d'entreprise.

On sait que les salariés peuvent bénéficier d'un congé spécifique de création ou de reprise d'une entreprise. À cet égard, une série télévisuelle s'est consacrée au *« peuple d'entrepreneurs »* en le

181) Jean-Pascal CHAZAL, Entreprise mon amour, ou l'infantilisation du discours politique, *D.* 2015. 2065.

182) Félix ROME, Cols blancs : la rentrée en chantant !, *D.* 2007. 2225.

183) Certes, l'on est toujours demeuré « *loin des 100 000 EIRL escomptés sous la présidence Sarkozy* » (Jean-François QUIEVY, *Répertoire des sociétés*, Entrepreneur individuel à responsabilité limitée (EIRL), Avril 2018. Il n'empêche que « *le projet de loi de finances pour 2018 impacte le statut du micro-entrepreneur* » (JurisClasseur Entreprise individuelle, Fasc. 538 : Entreprise, Auto-entrepreneur, Statut fiscal).

sacrant quasiment (184). Bien entendu, le futur ex-employeur est rarement heureux d'un pareil cumul d'activités.

Car à cause de celui-ci, il cessera d'avoir le bénéfice exclusif du temps disponible du salarié en partance. Si au moins le salarié menait toujours convenablement ces activités parallèles ! Or, tel n'est pas toujours le cas.

Dans une affaire jugée par la cour d'appel de Douai (28 mars 2014), il s'inférait qu'à compter du début de l'année 2011, *« le salarié avait eu une activité des plus réduites au profit de son employeur »*. Aussi ce dernier avait-il fini par prendre (lui) l'initiative de la fin de la relation contractuelle.

Sa lettre de licenciement portait : *« Vous vous êtes évertué, ces derniers mois, à tenter de donner l'apparence d'une activité poursuivie dans le seul but de percevoir, le plus longtemps possible, votre salaire alors que vous ne travailliez déjà presque plus pour notre société. Votre absentéisme et votre totale improductivité lors de vos moments de présence révèlent d'ailleurs une volonté évidente de provoquer votre licenciement pour bénéficier (...) d'allocations de chômage pendant le lancement de votre société »* (185).

Mais encore une fois, aucun humain n'a le don d'ubiquité. Ainsi, le salarié devra de plus en plus souvent choisir quelle activité il honorera de sa présence et, par conséquent, quelle activité souffrira de sa carence. La tolérance législative de l'absentéisme corrélatif n'empêchera pas une certaine amertume du collectif de travail, ainsi abandonné et perturbé.

---

184) https://www.letemps.ch/video/un-peuple-dentrepreneurs.

185) CASS. SOC., 5 novembre 2015, société Foncière de l'habitat, N° de pourvoi : 14-18311). L'arrêt douaisien aura néanmoins été censuré (pour violation de l'article 455 du code de procédure). Concrètement, la cour d'appel n'avait pas visé, et encore moins analysé, « *même sommairement, les pièces sur lesquelles elle fondait sa décision* ».

5. – L'historique du cumul de leurs mandats par les députés et les sénateurs.

La faculté de cumuler a été retirée dans une large mesure aux parlementaires. Plus exactement, ils ont perdu le droit d'exercer, en même temps que les missions de député ou de sénateur, celles de chef d'un exécutif local. Cela veut dire qu'un parlementaire ne peut plus être parallèlement, soit maire, soit président de conseil départemental, soit président de conseil régional, etc.

La dénomination de sénateur-maire, comme celle de député-maire, appartiennent donc désormais à l'histoire des institutions publiques (186). On se rappellera qu'en l'an 2000, un constitutionnaliste avait révélé que : *« si le cumul des mandats concernait 30 % des députés sous la troisième République et 45 % sous la quatrième, il en concernerait 95 % sous la cinquième »* (187).

Or, ajoutait-il, un tel cumul *« limite en outre l'exercice des fonctions de contrôle du Parlement, car il restreint la disponibilité des parlementaires »*. Ici, le groupe adverbial *« en outre »* aura été utilisé

---

186) Hanan QAZBIR (madame), Le mandat parlementaire face au nouveau régime du cumul, Presses Universitaires de France, *Revue française de droit constitutionnel,* 2015/3 N° 103, pages 633 à 656, https://www.cairn.info/revue-francaise-de-droit-constitutionnel-2015-3-page-633.htm. Selon l'auteure, « *le régime de cumul [des parlementaires] tel qu'il existe aujourd'hui [jusqu'en 2017] est le fruit d'une longue évolution reflétant une certaine réticence au départ au profit d'une liberté dans la pratique et ensuite vis-à-vis d'une tradition implantée dans le système français. La Monarchie de juillet a vu les Pairs de France [sorte de sénateurs] titularisés en tant que préfets et la IIIe République renforce cette pratique grâce à l'élection des conseillers généraux et des conseillers municipaux* ».

187) Christophe GUETTIER, Commentaire de la loi organique n° 2000-294 du 5 avril 2000 relative aux incompatibilités entre mandats électoraux et de la loi n° 2000-295 du 5 avril 2000 relative à la limitation du cumul des mandats électoraux et des fonctions électives et à leurs conditions d'exercice, *AJDA* 2000 p.427.

par l'auteur pour réserver un autre inconvénient du cumul des mandats. À savoir, empêcher d'avoir de nouveaux élus, et en particulier des femmes (188).

6. – L'encouragement du parlementaire à une implication locale par son cumul de fonctions.

Les cumulards prétendaient bénéficier ainsi d'un ancrage local. En vertu de celui-ci, ils pouvaient en effet se retrouver dans les 300 à 400 cénacles de prise des décisions locales ; par exemple, dans le conseil d'administration de chaque hôpital, de chaque lycée, de chaque université, etc. Vouloir être l'une des parties prenantes d'instances locales s'explique par le fait que ce sont les *« lieux où se décide la vie des gens »* (189).

C'est vrai que 80 % de ces instances ne dépendent pas directement de la collectivité dirigée par le cumulard, mais d'une autre collectivité, ou bien même de l'État. Il en était conséquemment un invité, un tiers intéressé (comme dirait le civiliste). Afin de pouvoir conserver ce lien participatif, plusieurs députés se sont replier, selon la collectivité, vers le poste de vice-président, ou vers celui d'adjoint au maire (190).

---

188) Samuel DYENS et Valentin MILLOT, L'égalité entre les femmes et les hommes en matière électorale se réduit-elle au principe de parité ? AJCT 2022. 195.

189) Julien NAVARRO, Nicolas Gérard VAILLANT et François-Charles WOLFF, Mesurer l'efficacité des députés au sein du Parlement français, précité.

190) Idem. Selon ces auteurs, le rattachement au territoire n'ayant plus de sens, il faudra revoir les modes de scrutins ; abandonner le rassembleur scrutin à deux tours, pour celui à un seul tour ; adopter même plutôt la proportionnelle. « *Ou alors, il faut prévoir la présence des parlementaires dans certaines instances locales importantes, ce qui constituerait sans doute un autre non-sens* ».

De leur côté, les ministres peuvent aussi agir de la sorte (191). Encore qu'ils n'aient pas juridiquement besoin d'un tel paravent, puisque leurs fonctions gouvernementales ne sont incompatibles qu'avec les fonctions parlementaires (192).

Sans compter qu'il se pourrait que le maire apparent (l'usufruitier politique ?) s'accroche au poste, alors que sorti du Gouvernement, l'ancien ministre entendrait désormais s'occuper pleinement et entièrement de son mandat local (193).

7. – Les motifs extrapatrimoniaux de l'engagement politique des personnes.

Au fond, l'homme politique (la femme politique) ambitionne essentiellement de pouvoir influer sur la vie de ses concitoyens, et donc de laisser une trace dans l'histoire. Il ne rêve pas de s'enrichir patrimonialement (ou doit vite déchanter), contrairement à ce que beaucoup de gens s'imaginent (194).

---

191) Gérard Darmanin, ministre de l'Intérieur (depuis juillet 2020) est pour le moment seulement maire adjoint de la ville de Tourcoing. En revanche, Sébastien Lecornu, qui est également au Gouvernement depuis l'arrivée du Président Macron au pouvoir, est demeuré et demeurera, suite à sa réélection en 2021, président du conseil départemental de l'Eure.

192) On notera que c'est le contraire dans beaucoup d'autres pays ; et même en France, sous la quatrième République. En effet, le ministre (et a fortiori le Premier ministre) était forcément d'abord un parlementaire. Or, des hauts-fonctionnaires tels que Jean Castex sont devenus chef du Gouvernement sans avoir jamais été parlementaire. Pire, Dominique Villepin, lui, n'avait jamais exercé même un minuscule mandat local. Il est vrai que le Président Emmanuel Macron, non plus.

193) Par exemple, Catherine Trautmann aura eu du mal à récupérer sa place de maire (socialiste) de Strasbourg quand, en l'an 2000, elle avait cessé d'être ministre de la Culture et de la Communication (du gouvernement de Lionel Jospin).

194) Valérie BECQUET, Entre bénévolat, volontariat et salariat, mon cœur balance ! *JA* 2013, n°475, p.19 ; Sébastien Michon, Devenir professionnel

De toute façon, quand des gains matériels et financiers sont prévus, ils sont modestes, comparativement aux soucis et responsabilités pesant tout représentant légal d'une collectivité. Toutes choses égales par ailleurs, les personnalités politiques, titulaires à fois d'un mandat local et d'un mandat national, préféreront rater des réunions nationales au profit de manifestations locales.

La raison est que lors des premières ils seraient noyés dans une foule de personnalités, alors que lors des secondes, ils seront au centre des honneurs et, de plus, vraiment influents. Ils sont ainsi donc généralement mus par un intérêt moral ou extrapatrimonial, plutôt que matériel et financier. Un certain prestige était attaché à leur titre de député-maire ou de sénateur maire. L'interlocuteur (qu'il avait) réalisait bien ne pas être simplement en présence d'un député ou d'un maire.

Les démarches alors entreprises par le *"double élu"* (pour son territoire et/ou ses populations) étaient ainsi assez souvent couronnées de succès. En vérité, plus que le titre à rallonge, devait peut-être plutôt jouer l'expérience de l'élu. En effet, ayant progressivement passés plusieurs filtres électifs, il aura acquis le savoir et le savoir-faire grâce auxquels l'on sait à qui demander (quand et comment) une dérogation ou un supplément, au profit de ses électeurs.

Trois auteurs soutiennent dès lors, et d'une même plume, que : *« Il y a donc, de la part des électeurs, une rationalité à soutenir les cumulants même si l'effet agrégé [de l'absentéisme], à l'échelle de l'Assemblée, peut être sous-optimal »* (195).

---

de la politique. Militant et collaborateur politique, in Agora débats /jeunesses n° 52, 2009, p. 121-135.

195) Julien NAVARRO, Nicolas Gérard VAILLANT et François-Charles WOLFF, précités.

8. – L'illusion tenace d'un absentéisme blâmable des députés et des sénateurs.

La conviction communément partagée d'une indisponibilité tenace des parlementaires vient de la vision (à la télévision) de fauteuils inoccupés dans l'hémicycle, à l'occasion soit des débats pléniers, soit des questions au Gouvernement. À la vérité, c'est là une fausse impression ; une impression injuste.

Car les absentéistes le sont bien souvent pour la bonne cause. Ils arbitrent entre absence utile et présence vaine ou neutre. L'idée est qu'ils auront jugé pouvoir être plus utiles (à la Nation) en participant à une autre activité concomitante. Déjà, il faut dire que paraître dans l'hémicycle est une traduction de *« la démocratie de bavardage »*.

Effectivement, il s'agit d'une *« présence anecdotique n'ayant pour seul objectif que d'améliorer sa visibilité télévisuelle ou ses statistiques désormais surveillées sur Internet »* (196). À cet égard, il faut savoir que le vrai travail des parlementaires se fait ailleurs, en particulier dans des commissions thématiques, permanentes ou ad hoc.

Certaines de ces commissions auditent tant des experts que de simples citoyens, au sein même de l'assemblée ou bien à l'extérieur (197) ;

---

196) Alain ANZIANI, La déontologie, condition du renouveau du Parlement, *Pouvoirs* 2013/3, n° 146, p. 101.

197) Pauline LAGARDE, La réforme du règlement intérieur du Sénat destinée à lutter contre l'absentéisme parlementaire, *Revue du droit public*, 01/09/2016, n° 5, p. 1477. L'auteure rappelle que : « *Il existe en effet une différence entre les commissions de législation et d'autres commissions qui participent davantage à des fonctions de contrôle politique. Les commissions permanentes sont au nombre de huit au sein de chaque assemblée et permettent d'assurer le travail législatif préparatoire, donc l'essentiel de l'activité parlementaire [affaires étrangères, défense et forces armées ; affaires sociales ; culture, éducation et communication ; économie, développement durable et aménagement du territoire ; finances ; et lois*

c'est-à-dire dans Paris, en régions, voire à l'étranger. Parfois, une commission œuvre à ses tâches parlementaires au moment même de la retransmission en direct des images de l'hémicycle du Palais Bourbon ou du Palais du Luxembourg (198).

De toute évidence (et selon le cas), quelques députés ou sénateurs manqueront à l'appel. Même avec une meilleure planification des travaux, l'on ne pourrait avoir tous les parlementaires à la fois. Pourquoi ? Parce que, dans les assemblées, l'ennui guette le parlementaire (199).

Également parce que quelques parlementaires se trouveront en mission à l'extérieur. Enfin, parce qu'ils habitent dans l'outre-mer français, voire dans un pays étranger (200). Enfin, parce que très urgente peut s'avérer être l'examen d'une future loi (d'ailleurs, plus un projet qu'une proposition).

---

constitutionnelles, législation, suffrage universel, règlement de l'administration générale] ».

198) Le siège de l'Assemblée Nationale est le Palais Bourbon, et celui du Sénat, le Palais du Luxembourg. Si le président de cette seconde assemblée parlementaire réside au Petit Luxembourg, celui de l'Assemblée Nationale a pour résidence l'Hôtel de Lassay.

199) Sous la IVe République, des parlementaires s'étaient résolus à renouer avec l'essence de leur métier. Car « *tout est détérioré à partir du jour où la discussion dévie en un ronronnement indéfini de la Tribune, jour et nuit, devant des banquettes vides* » (Hanan QAZBIR (madame), Le mandat parlementaire face au nouveau régime du cumul, Presses Universitaires de France, Revue française de droit constitutionnel, 2015/3 N° 103, pages 633 à 656, https://www.cairn.info/revue-francaise-de-droit-constitutionnel-2015-3-page-633.htm).

200) Il s'agit des députés et des sénateurs qui émanent des Français vivant à l'étranger. Lors du contrôle de la présence des parlementaires, et donc pour une éventuelle excuse, la distance entre Paris et le lieu de résidence est pris en considération. Bruxelles et Londres trop proches et bien desservis s'apparentent à la Métropole.

9. – L'ignorance généralisée de l'intérêt d'une assiduité aux commissions plutôt qu'à l'hémicycle.

Depuis la réforme constitutionnelle voulue en 2008 par le Président Sarkozy, et votée de justesse (201), c'est le texte discuté puis amendé par la commission compétente qui est ensuite débattu dans l'hémicycle.

Autrefois, les échanges intervenus antérieurement (en commissions) n'avaient pas de valeur juridique ou politique particulière. Voilà pourquoi un enseignant-chercheur, perdu en politique, avait pu prévenir que *« le travail de la commission n'est donc plus une forme de répétition générale dépourvue d'enjeu »* (202).

Dans ces conditions, doit-on recommander au parlementaire d'être assidu au grand amphi, ou plutôt dans sa petite salle de commission ? Le bon choix devrait logiquement s'imposer à chacun. Toutefois, le peuple et les journalistes ignorent ces subtilités organisationnelles, et continueront (de bonne ou de mauvaise foi) à protester plus ou moins sourdement.

Comme dit un politologue du Plat Pays, *« le déplacement de l'activité politique vers les commissions, qui s'inscrivait dans un effort d'accroissement du prestige parlementaire [...], s'il permit une amélioration de l'efficacité, il exerça également une influence qui ne fut pas toujours positive sur la perception de la morale*

---

201) Alors que les préconisations de Nicolas Sarkozy et de sa majorité présidentielle allaient dans le sens de ce que la Gauche a toujours voulu, les députés socialistes n'ont pas entendu donner une victoire politique à la Droite, en lui permettant une avancée majeure dans le pays. Heureusement, le député Jacques Lang, a dépassé ces appréhensions et apporté la voie manquante. Dès lors, les QPC, les Questions Prioritaires de Constitutionnalité sont devenues possibles. Par ailleurs, le travail en commission parlementaire a pris une valeur juridique essentielle.

202) Jean-Jacques URVOAS, La lente mais irrépressible renaissance des commissions parlementaires, *Pouvoirs* 2013.

parlementaire. [Car] les commissions se réunissaient souvent également les jours de séance plénière » (203).

Cette perception négative belge persiste aujourd'hui encore, alors que leur réforme constitutionnelle a fêté son jubilé depuis bien longtemps. Il est donc permis de craindre que la critique acerbe contre l'absentéisme des parlementaires perdure aussi en France (puisque la réforme ne remonte qu'à l'année 2008).

10. – L'intérêt pratique négligeable de sa présence dans l'hémicycle parlementaire.

On ne saurait donner de valeur primordiale à la (seule) présence physique, et donc à l'assiduité du député ou du sénateur. Car un parlementaire irrégulier, aux commissions et à l'hémicycle, peut s'avérer être celui qui débloque des situations et emporte la décision commune lorsqu'il est là. Il dispose manifestement d'une influence que n'offre pas la simple assiduité.

Mieux, « *des députés expérimentés tels que des anciens ministres ou bien des responsables de parti peuvent avoir une plus grande influence à travers leurs activités tout en consacrant moins de temps dans l'hémicycle. À ce titre, il apparaît donc tout aussi important d'étudier l'efficacité relative des députés (à présence donné) que le volume global de l'effort consacré* » (204).

Plus généralement, au lieu de perdre son temps à s'époumoner au Parlement, le parlementaire serait plus efficace en recherchant les

---

203) Marnix BEYEN, Entre clientélisme, électoralisme et distance parlementaire, Le député belge et ses attitudes envers son électorat (1918-1950), L'Harmattan, Parlement[s], *Revue d'histoire politique*, 2005/1 n° 3, pages 18 à 38, https://www.cairn.info/revue-parlements1-2005-1-page-18.htm.

204) Julien NAVARRO, Nicolas Gérard VAILLANT et François-Charles WOLFF, précités.

bonnes grâces d'un des conseillers du ministre décisionnaire (205). L'adage à conserver à l'esprit, en matière de temps parlementaire individuel, est que : *« la quantité ne remplacera jamais la qualité »* (206).

11. – L'absentéisme estudiantin issu d'une double inscription.

Les futurs citoyens (écoliers, collégiens, lycéens, étudiants) se voient également reprocher un absentéisme récurrent. Nous savons déjà que certains d'entre eux désertent les bancs de leur structure de formation par besoin de se préserver d'un point de vue psychologique. Leur présence serait en effet une perte vaine d'énergie psychique.

Cependant, l'absentéisme peut aussi s'expliquer autrement. S'agissant notamment des étudiants, ils peuvent se trouver confrontés à deux obligations qui se chevauchent (dans le temps), tout en se situant géographiquement loin l'une de l'autre. Il y a déjà l'hypothèse où un étudiant prétend s'inscrire pour obtenir deux diplômes la même année.

Certes, une pareille démarche est devenue rare, dans ce monde où le goût de l'effort intellectuel rebute, tandis que reflue la valeur

---

205) Documentaire France Info sur « *Ces conseillers qui nous gouvernent* » ; https://www.youtube.com/watch?v=3oZApGebkGU.

206) Certes, une assemblée suppose des gens qui se regroupe au même endroit, débattent, et prennent une décision commune. Or, la discussion est tronquée par l'absence d'un certain nombre de participants potentiels. Pire, la décision risque d'être différée si un quorum est prévu. Henri LÉVY-BRUHL, Assemblée, Synthèse, Vol. 8, No. 8/9 (1950/1951), pp. 400-406, Springer ; https://www.jstor.org/stable/20114118: « *l'acception juridique du mot assemblée lui confère un caractère original. Le trait dominant en est moins la pluralité que la fonction. En bref, on peut, dans ce domaine, définir l'assemblée comme, l'organe délibératif (ou législatif, au sens large) d'une collectivité considérée comme une personne* ».

autrefois reconnue aux diplômes et, plus encore, au savoir (207). D'autant plus que l'Administration fait peu pour faciliter ou encourager les rares ambitions (208).

12. – La conciliation difficile des études et de l'emploi même offert par l'université.

Les autres situations qui, trop souvent, éloignent l'étudiant des amphis et salles de TD, relèvent du cumul des études avec un emploi (*"un job étudiant"*). Selon un professeur français d'économie, *« aujourd'hui, de plus en plus d'étudiants exercent une activité rémunérée au cours de leurs études supérieures. En France, l'exploitation des enquêtes Emploi réalisées par l'Insee a montré que la proportion d'étudiants salariés était de 12,6 % sur la période allant de 1992 à 2002 »* (209).

Son collègue suisse admet lui aussi que *« certain-e-s travaillent parallèlement à leurs études pour les financer. Ceci est une réalité*

---

207) Le maître de conférences actuel (ou devenu professeur) qui, pendant de longues années, a creusé le même sillon, accepte mal la place privilégiée que certaines sections du CNU semblent faire aux agrégés des universités. Ceux-ci se seront souvent contentés de ratisser large, sans creuser profond, juste après leur doctorat (en droit, en économie, en médecine, etc.). Or, s'admettre à un concours signifie simplement que l'on a été préparé pour le réussir. À moins que les épreuves aient vraiment été pensées pour déceler qualités (à entretenir) et défauts (à gommer). Est-ce bien le cas ? Oui, sûrement.

208) La cour administrative d'appel de Paris (27 mars 2001) a eu à rappeler à un étudiant les dispositions d'un décret selon lequel « *Nul ne peut s'inscrire dans deux universités en vue de préparer un même diplôme* » (Décret du 13 mai 1971, article 12). L'étudiant est en effet obligé de se soumettre à la procédure du transfert de dossier au profit de la nouvelle université.

209) François-Charles WOLFF, Activité rémunérée et temps consacré aux études supérieures, Revue économique ; Vol. 68, No. 6 (novembre 2017), pp. 1005-1032 ; Sciences Po ; https://www.jstor.org/stable/10.2307/90016171.

dont les universités devraient peut-être davantage tenir compte » (210). En France, ce sont même les universités qui sont parfois les employeurs de ces étudiants.

Le Code de l'éducation prévoit d'ailleurs que, *« ils peuvent être recrutés, par contrat »* (211). Alors, leurs tâches possibles tournent autour de : l'accueil des nouveaux étudiants ; l'animation de la vie étudiante ; la participation aux activités d'aide à l'insertion professionnelle. Néanmoins, le Code enjoint à ces contractuels d'éviter tout absentéisme aux cours, TD et examens.

On peut en effet y lire que : *« l'étudiant recruté [...] s'engage à respecter l'ensemble des obligations liées à son inscription dans un cycle d'études. S'il interrompt ses études, manque à l'obligation d'assiduité aux enseignements obligatoires ou ne se présente pas aux épreuves de contrôle des connaissances sans motif légitime, l'établissement peut résilier son contrat après l'avoir mis en mesure de justifier de l'existence d'un motif légitime au cours d'un entretien préalable à la décision de résiliation »* (212).

13. – Le lien entre l'échec universitaire et l'emploi salarié parallèle.

Hélas, il y a une difficile conciliation entre aller au travail et fréquenter la faculté. L'échec universitaire en découle, d'une façon d'ailleurs d'emblée prévisible, c'est-à-dire sans besoin de don de voyance. De

---

210) Amaury DAELE, L'absentéisme des étudiant-e-s. Pédagogie universitaire - enseigner et apprendre en enseignement supérieur [En ligne]. 2011 Nov. [cité le 12 juillet 2017]. Disponible : https://lc.cx/NEGA.

211) Code de l'éducation, art. D. 811-1, décret n° 2017-963 du 10 mai 2017, art. 1er-1o.

212) Code de l'éducation, art. D. 811-6 : « *L'étudiant licencié dans ces conditions a droit à un préavis de quinze jours. La décision de licenciement est notifiée à l'intéressé par une lettre recommandée avec demande d'avis de réception. Cette lettre précise le ou les motifs du licenciement et la date à laquelle celui-ci doit intervenir compte tenu des droits à congés annuels restant à courir et de la durée du préavis* ».

savants chercheurs aboutissent aussi à cette conclusion, du reste contenue dans les adages populaires suivants : *« Qui trop embrasse mal étreint »* ; *« courir [ou suivre] plusieurs lièvres à la fois »*. L'idée est qu'il faut savoir se fixer un objectif précis pour être sûr de l'atteindre ; car aller de celui-ci à celui-là présage l'échec.

Selon un professeur nantais, *« le fait d'avoir un emploi pendant l'année académique vient en particulier modifier la contrainte de temps des étudiants. Ceux qui font le choix d'avoir un emploi devraient avoir davantage de difficultés à assister aux cours et à trouver du temps libre pour travailler et réviser leurs cours »* (213).

Par conséquent, *« ce moindre investissement dans les études peut expliquer la moins bonne réussite académique des étudiants en emploi »* (214). Bref, plus l'on consacre d'heures au travail rémunéré (et donc moins au travail universitaire), moins l'on a de chances d'obtenir le diplôme auquel on aspirerait.

14. – L'encouragement anglo-saxon à l'exercice de jobs étudiants.

Cela étant, il est inexact de penser que le phénomène du travail rémunéré des élèves et des étudiants soit nouveau. Car dans un journal anglais de 1911, l'on découvre l'histoire d'un écolier ayant autrefois travaillé pour un boucher (215).

Il était à l'ouvrage dès 6 heures du matin, avant d'aller à l'école ; à la fin de sa journée scolaire, il rejoignait encore le poste de travail, jusqu'à 22 heures. Plusieurs de ses camarades étaient eux aussi des

213) François-Charles WOLFF, précité.

214) Idem.

215) Danièle RANCIÈRE, La grève des écoliers, Association Vacarme, *Vacarme,* 2004/1 n° 26 | pages 41 à 46, https://www.cairn.info/revue-vacarme-2004-1-page-41.htm.

garçons de courses ; à moins d'œuvrer au sein de leur propre famille, à l'étalage tenu au coin de la rue par un parent (216).

Dans les pays anglo-saxons, il est paraît habituel que les enfants travaillent tôt le matin, notamment pour livrer du lait ou des journaux (217).

Il s'agit d'une expérience professionnelle dont les intéressés se prévalent par la suite en entrant (pour de bon) dans le monde du travail. Bien entendu, la prise en compte de cette expérience dépend de la possibilité d'un transfert des habilités acquises vers l'emploi nouveau. Et encore faut-il avoir au préalable obtenu le diplôme préparé, malgré l'inévitable absentéisme découlant du cumul.

---

216) C'est la lancinante question du travail des enfants. Elle touche sérieusement les pauvres des pays pauvres. Car l'enfant manquera de scolarisation, de même que son développement physique et psychologique pâtiront d'une entrée trop précoce dans le monde du travail. Bien entendu ces malheureux supposent une vision contemporaine et, peut-être occidentale de surcroît. Encore que là-bas (en Occident), l'on déplore volontiers l'exploitation éhontée ou inconsciente du droit à l'image de l'enfant, son droit à la vie privée, et ses droits voisins du droit d'auteur. Cf. l'histoire de Michael Jackson aux USA, et celle du petit Jordy en France. « *En France, le travail des enfants fait l'objet d'un régime juridique nourri, épars et bigarré. Cet arsenal législatif s'est révélé inadapté pour appréhender les nouvelles formes d'exploitation des mineurs sur les plateformes en ligne. La loi du 19 octobre 2020 est donc venue combler ce vide juridique en codifiant le travail des enfants influenceurs. Mais cette intervention législative ajoute une couche au millefeuille normatif sans y apporter une cohérence d'ensemble. En l'état, le droit du travail n'offre pas une protection satisfaisante au point qu'il est possible de s'interroger sur la portée effective de l'intérêt supérieur de l'enfant dans les relations de travail* » (Sophie SERENO, Le droit du travail à l'épreuve de l'intérêt supérieur de l'enfant, *Droit de la famille n°* 1, Janvier 2021, étude 2).

217) « *Afin d'atteindre l'objectif d'éradication du travail des enfants d'ici 2025, la Déclaration de Buenos Aires, à l'issue des travaux de la Conférence, a listé une centaine d'engagements, insistant sur la nécessité de « créer davantage d'emplois décents pour les jeunes à travers le monde »* » (Joseph JEHL, Travail des enfants : la déclaration de Buenos Aires de l'OIT, La Semaine Juridique Edition Générale n° 51, 18 Décembre 2017, 135).

15. – L'historique du cumul entre études et emploi en France.

Le cumul entre études et emploi se rencontre aussi en France ; et depuis longtemps. On peut le vérifier dans thèse d'État intitulée *« La condition universitaire au XIXe siècle »*. On y découvre, pour commencer, que dès 1810, sous le Premier Empire, les Facultés de Lettres et de Sciences comprenaient des *"étudiants travailleurs"*, lesquels étaient généralement maîtres d'études et régents dans les lycées et les collèges.

Peut-être compte tenu de la charge de travail universitaire (l'auteur ne le précise pas), il y avait moins de cumulards dans les Facultés de Droit et de Médecine. Ensuite, l'auteur indique que c'est surtout à l'issue de la première guerre mondiale, et de la crise économique corrélative, que les jobs étudiants prirent un essor fulgurant. Quels postes occupaient-ils ? Ceux de : chauffeurs de taxi ; garçons de café ; typographes ; employés de bureau.

Le Jeudi Noir et sa crise économique accélérera le mouvement, car des familles riches avaient été ruinées, alors que les familles modestes étaient entrées dans la misère (218). Le mouvement n'a plus jamais reflué. Après la deuxième guerre mondiale 22 % des étudiantes s'étaient également mises à cumuler travail et études, tandis que leurs camarades hommes étaient 30 %.

Apparemment, certaines disciplines sont plus incompatibles encore avec un tel cumul. En 1947, l'on dénombrait 48 % d'étudiants de Lettres, 43 % en Droit, 19 % en Sciences et 17 % en Médecine. Malgré l'extension progressive du montant et des bénéficiaires de bourses, les *« étudiants travailleurs »* restèrent et restent nombreux (219).

---

218) Paul GERBOD, Note sur la condition matérielle et morale de l'étudiant français, Revue française de sociologie, Vol. 21, No. 2 (avril. - juin, 1980), pp. 251-258, Sciences Po University Press on behalf of the Association Revue Française de Sociologie, https://www.jstor.org/stable/3321110.

219) Pendant longtemps, les bourses n'étaient versées que pendant neuf mois. Aussi les étudiants devaient-ils forcément profiter de la période d'été pour

L'absentéisme par choix d'une autre activité concomitante

Quelques étudiants plus intrépides, ou davantage accablés par le besoin, prennent un emploi à temps complet. Bien entendu, ils ne peuvent parallèlement constituer des modèles d'assiduité. L'Administration prévoit alors la possibilité de dispenses d'assiduité en leur faveur.

---

se constituer un pécule pour la rentrée. Le professeur Gerbod pense (pensait) que des corrélations existent certainement entre l'obligation de travailler pendant les études et l'origine socioprofessionnelle des familles. Néanmoins, les parents aisés ne sont pas systématiquement généreux envers leurs rejetons, lesquels décident donc eux aussi de se trouver un emploi. À moins de songer à une demande judiciaire de pension alimentaire (Marlène BURGARD, Les circonstances dans lesquelles le jeune majeur bénéficie de l'obligation d'entretien, *Droit de la famille n°* 7-8, Juillet 2008, comm. 93). Le droit comparé donne à constater « *l'usage répandu de référentiels économiques et de règles objectives de calcul pour aider administrations et juges à fixer le montant des pensions* » (Jean-Claude BARDOUT, Droit et pratiques comparées des pensions alimentaires pour enfant, *Droit de la famille n°* 3, Mars 2010, dossier 2).

LA MISE À PIED DISCIPLINAIRE ET SA SEMAINE POSSIBLE D'EXCLUSION

Clotaire MOULOUNGUI
Maître de conférences hors classe à l'ULCO (académie de Lille)
Ancien Chef du Département Gestion des Entreprises et des Administrations
Responsable de la licence professionnelle Métiers de la Gestion et du Social

Résumé : L'employeur a rarement un effectif pléthorique dont il se demanderait quoi en faire. Or il s'inflige parfois un handicap supplémentaire en décidant de produire ses biens et services avec un personnel réduit. L'on songera au licenciement, et plus souvent à la mise à pied. Néanmoins, le travailleur y perd lui aussi, car son congé forcé s'accompagnera d'une perte de salaire. En vérité, le salarié dont il décidera de se passer du concours quelque temps aura eu un comportement fautif.

Mots clefs : Retenue sur salaire ; mise à pied ; sanctions disciplinaires ; durée de la mise à pied.

Summary: An employer rarely has an overstaffed workforce that they would wonder what to do with. However, they sometimes impose an additional handicap on themselves by deciding to produce their goods and services with a reduced workforce. Dismissal, and more often, layoffs, are considered. However, the worker also loses, as their forced leave will be accompanied by a loss of pay. In truth, the employee whose competitive exam they decide to waive for a while will have engaged in misconduct.

Keywords : Payroll deduction; layoff; disciplinary sanctions; length of layoff.

1. – Une perte de travail pour l'employeur et une perte de revenu pour le salarié.

L'employeur a rarement un effectif pléthorique dont il se demanderait quoi en faire (220). Or il s'inflige parfois un handicap supplémentaire en décidant de produire ses biens et services avec un personnel réduit (221).

En vérité, le salarié dont il décidera de se passer du concours quelque temps aura eu un comportement fautif. Ce faisant, qui donc est préjudicié ? La réponse se déduit des phrases précédentes. Selon le langage populaire « *ce patron se tire une balle dans le pied* ». Néanmoins, le travailleur y perd lui aussi, car son congé forcé s'accompagnera d'une perte de salaire.

En tous cas, est-il enseigné, « *l'employeur est fondé à sanctionner un salarié qui a commis une faute à l'occasion de l'exécution de son contrat de travail. Plus précisément, la mise à pied prononcée à titre disciplinaire autorise l'employeur à éloigner le salarié de l'entreprise pour une durée déterminée et à suspendre l'exécution du contrat de travail* » (222).

---

220) Le principal frein au recrutement de plus de collaborateurs serait le niveau élevé des charges sociales (et non pas des salaires en eux-mêmes). Ces charges, ainsi que les impôts de production, expliqueraient la moindre compétitivité de l'économie française (prétendent les hommes d'affaires et les hommes politiques de Droite).

221) Le terme handicap vient du monde hippique. Afin que le résultat de la course soit imprévisible, et par souci d'égalité aussi entre les compétiteurs, la monture la plus rapide (ou avec un jockey maigrichon) devait être lestée d'une charge. Ce fardeau était le handicap.

222) Romain MARIÉ, Fasc. 28-10 : Suspension du contrat de travail, Régime de droit commun, *JurisClasseur Travail Traité*, 24 Juillet 2017, n° 28.

2. – La prévision du principe et de la durée de la mise à pied dans le règlement intérieur.

Au visa des articles L1321-1 et L1331-1 du code du travail, la Cour de cassation (06 octobre 2010) a eu à proclamer l'importance du règlement intérieur en cette matière de la mise à pied disciplinaire (223).

D'une part, dit-elle, *« dès lors que le règlement intérieur fixe les règles générales et permanentes relatives à la discipline, notamment la nature et l'échelle des sanctions que peut prendre l'employeur, une sanction ne peut être prononcée contre un salarié que si elle est prévue par ce règlement intérieur »*. D'autre part, précise-t-elle *« une mise à pied prévue par le règlement intérieur n'est licite que si ce règlement précise sa durée maximale »*.

Or, en l'espèce, un salarié de l'ENTREPRISE THOMSON (JABIL CIRCUIT) avait été mis à pied pour 5 jours, malgré le silence du règlement intérieur sur la durée maximale applicable. Cela n'aura pas cependant posé problème à la cour d'appel de Rennes (12 mai 2009).

Car, selon elle, *« une telle sanction est inhérente au pouvoir disciplinaire de l'employeur, lequel a la faculté, en l'absence de dispositions restrictives d'un règlement intérieur ou d'une convention collective, d'en faire usage sous la seule réserve du contrôle de l'autorité judiciaire »*.

Compte tenu des principes énoncés dans le visa ci-dessus de l'arrêt rennais aura été cassé. Et pourtant, cinquante ans plus tôt, la cour d'appel de Grenoble (16 décembre 1959) avait été approuvée par la Cour de cassation (01 juin 1961) d'avoir jugé que : *« l'employeur, en vertu du pouvoir disciplinaire qu'il tient de sa qualité, dispose vis-à-*

223) CASS. SOC., 6 octobre 2010, n° de pourvoi : 09-42740, Société Jabil circuit, ex-société Thomson CSF, Bulletin 2010, V, n° 243. Lorsque la procédure est arrivée en cassation, la société Jabil Circuit était venue au droit de la Société Thomson CSF. Celle-ci avait été autrefois une firme française concurrente de : IBM, Samsung, Appel, etc.

vis de son personnel de la sanction de la mise à pied dont il a la faculté de faire usage sous la réserve du contrôle de l'autorité judiciaire » (224).

3. – Les doutes sur la mise à pied dans une PME sans règlement intérieur.

La compréhension a contrario de cette règle jurisprudentielle incite à penser que tous les employeurs ne sont pas concernés. Car il faudrait avoir un règlement intérieur dans son entreprise. Or cette obligation suppose de compter un certain nombre de salariés (50 autrefois, 20 dorénavant) dans son entreprise (225).

L'employeur qui se sera limité à prévoir la sanction d'exclusion, sans en préciser la durée maximale, s'en sera implicitement interdit l'usage. Il se sera lié les mains en optant pour la transparence à l'égard du personnel. De façon taquine, l'on se demandera si l'employeur ayant très peu de salarié, mais qui aura cru honnête d'afficher la mise à pied comme sanction possible, sera moins bien traité que son collègue négligent ou fourbe.

---

224) CASS. SOC., 01 juin 1961, Société STATECO, https://www.legifrance.gouv.fr/juri/id/JURITEXT000006958891?

225) Code du travail, article L1311-2, alinéa 1. Cela étant, « *dans les entreprises de moins de vingt salariés l'absence de règlement intérieur ne prive pas l'employeur de son pouvoir disciplinaire. La solution est logique puisque, dans ce cas, l'employeur ne peut se voir reprocher la violation d'aucune disposition légale. En revanche, il faut certainement admettre que, même dans ces entreprises de moins de vingt salariés, lorsqu'a été édicté un règlement intérieur, celui-ci, quoique non obligatoire, lie l'employeur et lui interdit de prononcer une sanction qui ne serait pas prévue par ses dispositions. Facultatif dans son principe, le règlement intérieur doit cependant être contraignant dans son contenu, sous peine de demeurer une coquille vide. Il faut cependant reconnaître qu'une telle solution est de nature à dissuader les employeurs de ces petites entreprises d'édicter un règlement intérieur* » (Jean MOULY, Dans les entreprises d'au moins vingt salariés, l'absence de règlement intérieur prive l'employeur de son pouvoir disciplinaire hors la rupture du contrat, Droit social 2017. 573).

Cela étant, les entrepreneurs dont l'effectif dépasse la demi-centaine de salariés devraient vérifier qu'ils ont bien un règlement valide, et que celui-ci renferme tant cette sanction que son nécessaire plafond (226).

4. –L'illégalité de la mise à pied du salarié sans faute prouvée.

Encore une fois, la mise à pied est une sanction disciplinaire parce qu'elle puni des agissements incompatibles avec la profession ; au regard du règlement intérieur. L'employeur lui-même respecte cette source de droit en se gardant de décider de sanctions qu'en cas de faute démontrée du salarié.

Par exemple, la SOCIÉTÉ LECASUD avait fait preuve de légèreté en punissant une de ses salariées. Aussi, le conseil de prud'hommes saisi lui enjoignit-il le paiement de *« diverses sommes au titre du salaire afférent aux 6 jours de mise à pied dont elle l'avait sanctionné en juillet 1987 et à titre de prime d'assiduité et de retenue sur salaire »*.

Ce jugement favorable au salarié fut maintenu par la haute cour au regard de l'article L1333-1 du Code du travail (à l'époque L122-43). La raison est que *« le conseil de prud'hommes, qui a fait application de ce texte, après avoir relevé, par une appréciation souveraine des éléments qui lui étaient soumis, qu'il subsistait un doute sur la réalité des faits ayant motivé la sanction de mise à pied prononcée contre M. Y..., ne saurait encourir les griefs du moyen »* (227).

---

226) Florence DEMAISON, Le règlement intérieur doit fixer la durée maximale de la mise à pied disciplinaire, *LPA* 21 juill. 2011, n° PA201114407, p. 20.

227) CASS. SOC., 5 février 1992, n° de pourvoi : 88-43248, société Lecasud, Bulletin 1992 V N° 67 p. 41.

5. – L'illégalité de la mise à pied du gréviste sans faute lourde.

Lors d'un mouvement de grève survenu naguère, des agents d'une entreprise publique d'autrefois (EDF-GDF) avaient envahi les salles de commande de plusieurs postes de transformation. Ils étaient même intervenus sur les réseaux électriques de même que sur les systèmes de télé-conduite concourant à la gestion du système (de) production. Alors les dirigeants de l'entreprise estimèrent qu'il s'agissait-là d'une faute lourde permettant de leur imposer une mise à pied, puis davantage.

Mais la cour d'appel de Toulouse (21 mai 1993) n'arriva pas à la même conclusion à l'encontre des quatre agents finalement poursuivis. Au demeurant, comme elle, la Cour de cassation pensa aussi que *« leur seule présence dans les postes de commande ne constituait pas une faute lourde »*.

Certes, dans cette affaire, il y avait eu des *« faits illicites d'entrave au fonctionnement et à la continuité du service public »*. Toutefois, personne n'avait constaté de *« participation personnelle des quatre salariés, même sous forme d'incitation ou d'encouragement »*. Par conséquent, leur licenciement n'était point légalement envisageable.

Était-il au moins légal de les avoir mis à pied et d'avoir donc cessé de les rémunérer pendant le laps de temps correspondant ? La réponse des juges est simple : *« un salarié gréviste ne peut être licencié ou sanctionné à raison d'un fait commis à l'occasion de la grève à laquelle il participe que si ce fait est constitutif d'une faute lourde »*.

On comprend alors qu'ayant écarté l'existence d'une faute lourde, les juges aient annulé les sanctions cependant prononcées par l'employeur (228). Insister sur la notion d'annulation de la mise à

---

228) Il est normal d'avoir le sentiment que la faute grave et la faute lourde signifient la même chose. Car leurs conséquences négatives peuvent se ressembler. En revanche, leurs causes (ou plus précisément leur motif impulsif et déterminant) ne sont pas semblables. Dans la faute lourde, le

pied présente pourtant un intérêt limité. Car il est inconcevable (s'agissant d'un contrat de longue durée) d'en tirer l'ultime conséquence logique : ramener chacune des parties à la situation qui serait la sienne, en l'absence de l'acte litigieux.

Précisément dans l'intervalle le salarié avait arrêté de prester, et l'employeur, de rémunérer en conséquence. Il semble en revanche plus opérant d'insister sur l'indemnisation de la victime de la décision patronale malencontreuse (229).

6. – La catégorie de mise à pied selon sa durée déterminée ou indéterminée.

La doctrine rappelle que *« durant la période de mise à pied, dont la durée maximale est fixée par le règlement ou l'accord collectif sous peine de nullité, le contrat de travail est suspendu »* (230). Cela étant, la liberté d'établir des actes unilatéraux et des actes conventionnels aboutit à une incertitude à propos de la durée de la mise à pied disciplinaire.

Les intéressés disposent quasiment d'un pouvoir discrétionnaire. Certes, il existe un plafonnement du temps d'exclusion. Ainsi que le dit la Cour de cassation (12 février 2003), dans l'AFFAIRE SOCIÉTÉ ABILIS, *« une mise à pied conservatoire étant nécessairement à durée*

---

salarié aura agi pour préjudicier à autrui, et en particulier à son employeur.

229) Le droit administratif a longtemps cloisonné le recours en annulation et le recours en indemnisation. En effet, le procès fait par le requérant à un acte administratif illégal (décret, arrêté, circulaire normative), sans recherche de gain pour soi, emprunte la procédure du recours pour excès de pouvoir (le REP). En revanche, l'administré désireux de recevoir quelque somme de la part du service public fautif (ou non, parfois), utilise le recours de pleine juridiction, encore dit recours de plein contentieux.

230) François DUQUESNE, Droit du travail, Mémentos LMD, Gualino, 14è éd. 2019, p.102.

indéterminée, la mise à pied prononcée pour un temps déterminé présente un caractère disciplinaire » (231).

Des décennies plus tôt, dans l'AFFAIRE SOCIÉTÉ STATECO, la Cour de cassation (01 juin 1961), avait dit que la mesure de mise à pied « *doit connaître une stricte limite dans le temps et, qu'infligée pour une durée indéterminée, elle constitue en fait, une résiliation du contrat de travail* » (232).

À défaut de délimitation temporelle, ce serait obligé le salarié à comprendre de lui-même qu'il aura été (insidieusement) licencié. Notre salarié devrait en prendre acte et ensuite faire valoir judiciairement ses droits inhérents au licenciement (sans cause réelle et sérieuse).

7. – La durée d'environ une semaine des mises à pied (disciplinaires).

Plusieurs conventions collectives optent pour la semaine comme durée maximale de la mise à pied. Il n'empêche que dans l'affaire SOCIÉTÉ ABILIS (ci-dessus), le prononcé de la mise à pied « *l'avait été pour une durée de huit jours* », dirent les juges. Par ailleurs, à l'occasion de l'annotation d'un arrêt, une professeure a relaté que : « *Un salarié, titulaire d'un mandat de conseiller du salarié, s'est vu notifier une mise à pied disciplinaire d'une durée de trente jours* » (233).

Effectivement, dans le rappel des faits et de la procédure de l'affaire EPIC TISSEO, la Cour de cassation (17 mai 2017) énonçait que : « *le 5 février 2010, l'employeur a notifié au salarié une mise à pied*

---

231) CASS. SOC., 12 février 2003, N° de pourvoi : 00-46433, société Abilis. Cassation de l'arrêt de la cour d'appel de Toulouse (5 octobre 2000).

232) CASS. SOC., 01 juin 1961, Société STATECO, précité.

233) Florence CANUT, Droit à réintégration du conseiller du salarié en cas d'annulation de la décision d'autorisation de licenciement, *Cah. soc.* juill. 2017, n° 121d9, p. 33.

disciplinaire d'une durée de trente jours » (234). Problème : cette longue durée ne semble pas avoir préoccupé la juridiction ; et madame la professeure non plus.

Au fond, la durée de la mise à pied disciplinaire pourrait-elle valablement dépasser le mois ? Probablement (235). On sait que la réponse est indiscutablement positive concernant la mise à pied conservatoire.

234) CASS. SOC., 17 mai 2017, no 16-14979, EPIC Tisseo, Réseau de transport en commun de Toulouse.

235) Dans l'affaire SOCIÉTÉ FRANCE PRINTEMPS, il était fait grief à l'arrêt d'avoir débouté la salariée de sa demande alors, selon le pourvoi, que celle-ci avait été mise à pied pendant plus d'un mois. Or, cette durée lui apparaissait excessive au regard de la jurisprudence fixant la durée maximale de la mise à pied à huit jours. La Cour de cassation lui a répondu que : « *la cour d'appel [Paris, 29 octobre 1988] a constaté que la salariée avait fait l'objet d'une mise à pied conservatoire, prononcée dans l'attente de la notification de son licenciement lequel est intervenu conformément à la procédure prévue par la convention collective* » (CASS. SOC., 09 janvier 1990, N° de pourvoi : 89-40777). Le moyen de la salariée n'était donc pas fondé. Néanmoins, les premiers juges lui avaient donné raison, puisque l'arrêt attaqué était un arrêt infirmatif.

LA DÉSERTION D'AMPHIS PAR ÉTUDIANTS ET PROFESSEURS

Clotaire MOULOUNGUI
Maître de conférences hors classe à l'ULCO (académie de Lille)
Ancien Chef du Département Gestion des Entreprises et des Administrations
Responsable de la licence professionnelle Métiers de la Gestion et du Social

Résumé : Le métier de professeur, surtout d'enseignant-chercheur, est envié par bien d'autres travailleurs. Ces derniers en admirent le privilège d'être soi-même le juge de sa compétence, ainsi que de l'intérêt social de ses propres prestations. Il y a en outre les périodes de vacances, de même que la liberté de parole et de plume. Ces contemplateurs ignorent absolument la faiblesse de la rémunération des professeurs. Une méconnaissance similaire concerne le droit nouveau des étudiants d'évaluer les enseignements. Les étudiants sont d'ailleurs dorénavant bavards et/ou procéduriers.

Mots clefs : Absentéisme des étudiants ; souffrance au travail des professeurs ; ennui des cours universitaires ; privilèges du professeur d'université.

Abstract : The profession of professor, especially that of teacher-researcher, is envied by many other workers. They admire the privilege of being the judge of their own competence, as well as the social value of their own work. There are also vacation periods, as well as freedom of speech and writing. These observers are completely unaware of the low pay of professors. A similar lack of awareness concerns the new right of students to evaluate teaching. Moreover, students are now talkative and/or litigious.

Keywords : Student absenteeism; professors' suffering at work; boredom in university classes; privileges of the university professor.

1. – La désacralisation de l'universitaire par un système inconscient ou populiste.

Le métier de professeur, surtout d'enseignant-chercheur, est envié par bien d'autres travailleurs. Ces derniers en admirent le privilège d'être soi-même le juge de sa compétence, ainsi que de l'intérêt social de ses prestations. Il y a en outre les périodes de vacances, de même que la liberté de parole et de plume (236).

Ces contemplateurs ignorent absolument la faiblesse de la rémunération des professeurs (237). Une méconnaissance similaire

---

236) Philippe JESTAZ et Christophe JAMIN, L'entité doctrinale française, *D. 1997*. 167, L'entité doctrinale française, *D. 1997*. 167. Philippe LE TOURNEAU, La plume professorale est libre !, *D. 1995*. 273 : « *L'appréciation du droit positif est dévolue sans partage à la doctrine, sans nul carcan. Pour elle, aucune règle, aucune théorie, n'a de vertu en soi : son champ de discernement est infini. La réflexion n'est pas là pour approuver les lieux communs ou confirmer les évidences mais, au contraire, en prenant de la hauteur, les regarder d'un œil neutre, en recherchant leurs qualités et défauts par rapport au bien commun et au seul combat qui vaille, celui de l'homme* ». Yves GAUDEMET, L'indépendance des professeurs d'université, principe commun des droits constitutionnels européens, *D. 1984*, chron. p. 125.

237) Il y a une « *dégradation des rémunérations des enseignants, à l'instar de celle de tous les cadres de catégorie A* ». *Plus précisément,* « *le pouvoir d'achat des salaires nets des enseignants du secondaire et du supérieur a baissé d'environ 20 % en 25 ans, de 1981 à 2004, pendant que les effectifs s'accroissaient à peu près dans les mêmes proportions* », rapporte Stéphane GUÉRARD (Encyclopédie des collectivités locales, Chapitre 6 (folio n°10370),

concerne le droit nouveau des étudiants d'évaluer les enseignements.

Certes, déplorent deux professeurs des universités : *« Le Conseil d'État a jugé, d'une manière que l'on peut juger discutable, qu'une procédure d'évaluation des enseignements, faisant notamment appel à l'appréciation des étudiants, ne comportait aucune incidence sur les prérogatives ou la carrière des enseignants, et qu'elle ne pouvait donc être regardée comme portant atteinte au principe d'indépendance des professeurs de l'enseignement supérieur »* (238).

2. – La pénibilité du métier de professeur dans les lycées et collèges.

Selon un codirigeant du syndicat Snes (du secondaire), le métier est *« de plus en plus difficile, voire anxiogène »*. La pénibilité du métier se manifesterait par un nombre croissant de recours au temps partiel et par le fait que les professeurs souhaitent partir en retraite le plus rapidement possible.

Selon une enquête auprès de plusieurs milliers de syndiqués, 77 % des professeurs d'entre eux partiraient avant 60 ans *« s'ils le pouvaient »*. A l'inverse, ils sont plus de 60 % à répondre qu'ils continueraient volontiers *« quelques années de plus »* si leur était offert un *« service allégé »* (239).

Personnel des collectivités territoriales : rémunération et management Coll. loc., Novembre 2017, n° 3).

238) Bertrand MATHIEU et Michel VERPEAUX, *La Semaine Juridique Edition Générale* n° 46, 13 Novembre 1996, doctr. 3975.

239) Alain AUFFRAY et Emmanuel DAVIDENKOFF, Le syndicat FSU appelle à la grève pour *«l'allègement de la charge de travail»*, https://www.liberation.fr/evenement/2001/12/10/la-rtt-des-profs-equation-insoluble_386630.

3. L'exportation du bavardage scolaire dans les travées universitaires.

À cet égard, face à ses nouveaux étudiants dans un amphi, un vieux professeur d'université a constaté que : *« Tout se passait pourtant comme s'ils ne savaient pourquoi on les entassait là et comme s'ils y tuaient le temps en s'entretenant, sans rien attendre ni s'attendre à rien »* (240).

Face à une telle indifférence (im)polie à l'égard de la science et de la connaissance, le professeur Nicolas GRIMALDI (puisque c'est de lui qu'il s'agit) précise : *« J'allai dès le lendemain matin demander qu'on préparât mon dossier de mise à la retraite à partir du jour même où j'aurais soixante ans. »* (241).

Ce témoignage s'accorde avec l'affirmation d'un chercheur en ressources humaines (RH), selon lequel le stress extrinsèque conduit le cadre, non pas à s'absenter, mais à partir, c'est-à-dire à démissionner ou à prendre sa retraite.

L'un de ses collègues, plus prestigieux encore, Michel SERRES, écrira la même année que le bavardage, déjà courant à l'école primaire, puis au collège et au lycée, *« vient d'atteindre le supérieur où les amphis, débordés par lui, se remplissent, pour la première fois de l'histoire, d'un brouhaha permanent qui rend pénible toute écoute »* (242).

De fait, poursuit-il, jusque-là l'enseignant *« oralisait de l'écrit […] Pour cette émission orale, il demandait le silence. Il ne l'obtient plus. »* (243).

---

240) Nicolas Grimaldi, *l'effervescence du vide*, Grasset, 2012, 166 pages.
241) Idem.
242) Michel SERRES, *Petite Poucette*, Manifestes Le Pommier, 2012, 90 pages.
243) Idem.

4. – La dépression dorénavant chez des universitaires en souffrance.

Des étudiants de L2 de sociologie de l'université de Tours ont causé le choc névrotique de leur enseignante, déjà en épuisement professionnel à cause d'eux. Curieusement, l'employeur de celle-ci aura refusé d'y voir un accident du travail ou plutôt une invalidité imputable au service. D'où sa condamnation par la juridiction administrative (244).

Les étudiants eux-mêmes concèdent volontiers que la position désagréable du professeur soumis à l'outrecuidance comportementale de nombre d'entre eux (245).

Un blog estudiantin donne d'ailleurs ceci à lire : *« je pense que cette année les profs ont toléré bien assez de choses… vous confondez souvent folklore médical et irrespect ! ». Quand je montre les vidéos de l'amphi à mes amis non-carabins, ils hallucinent tellement que je comprends mieux qu'il faut vraiment limiter ce "folklore" . [Le prof] « est là pour enseigner […] pas pour se ramasser des noms d'oiseaux dans la tronche »*. Bref, le professeur se dit sans doute parfois : *« à quoi bon dispenser ce cours… »* ; ou bien, *« est-il bien raisonnable de s'aventurer dans cet amphi ? »*.

5. – La maltraitance institutionnelle des élèves médiocres.

Parallèlement à la souffrance au travail constatée chez les enseignants, l'on relève le désarroi quotidien de beaucoup d'élèves. Effectivement, ils sont malheureux en classe, et même dans la cour

---

244) « *Il est enjoint au président de l'université de Tours de reconnaître l'imputabilité au service de l'accident du 9 février 2015 de Mme C. et d'en tirer toutes les conséquences sur le droit à traitement de l'intéressée, dans un délai d'un mois à compter de la notification du présent arrêt* » (Cour administrative d'appel de Nantes, 4 février 2020, n° 18NT03959, La jurisprudence Eden au secours du professeur chahuté, AJDA 2020. 1295).

245) http://forums.remede.org/lyon__faculte_de_medecine/sujet_23495.html

de récréation. Que les uns et les autres désertent plus ou moins souvent cet univers ne devrait donc pas étonner.

Selon les résultats d'une enquête auprès d'élèves absentéistes, le mal-être à l'école aura causé leur absentéisme, puis leur décrochage scolaire (246). L'un de nos plus anciens spécialistes contemporains de l'école et de ses acteurs le décrit clairement (247). D'après lui, sauf à être masochiste, l'enfant qui aurait le choix refuserait de fréquenter le système scolaire français.

Car celui-ci n'a de cesse de montrer aux élèves que tous ne méritent pas vraiment d'en relever (248). Cela passe par un étalonnage systématique de chacun, au moyen de notes et moyennes. Ainsi, de façon régulière et humiliante, les mauvais élèves sont séparés des bons. Puis, *« pour que nul n'en ignore »*, les résultats sont proclamés ou affichés (249).

---

246) Sandrine TURKIELTAUB, absentéisme et décrochage, Association jeunesse et droit, *Journal du droit des jeunes*, 2011/4 n° 304, pages 12 à 15, https://www.cairn.info/revue-journal-du-droit-des-jeunes-2011-4-page-12.htm : « *un élève absent plus de 15 fois en 3 mois présente 67,86 % de risques de décrochage* ».

247) François DUBET, Sortir de l'idée de crise [de l'école], entretien avec Florence Giust-Desprairies, ERES, *Nouvelle revue de psychosociologie*, 2010/1 n° 9, pages 131 à 147, https://www.cairn.info/revue-nouvelle-revue-de-psychosociologie-2010-1-page-131.htm.

248) Philippe PERRENOUD, La fabrication de l'excellence scolaire. Du curriculum aux pratiques d'évaluation. Librairie Droz, « *Travaux de Sciences Sociales* », 2010, 328 pages. ISBN : 9782600014847. DOI : 10.3917/droz.perre.1995.01. URL: https://www-cairn-info.ezproxy.univ-littoral.fr/la-fabrication-de-l-excellence-scolaire--9782600014847.htm.

249) Bien entendu, « *le classement des élèves, facilement réalisable avec les notes, devient plus difficile, voire impossible, lorsque le professeur évalue, par exemple, à partir d'un code couleurs dont l'objet est d'indiquer un degré de maîtrise de différentes compétences et connaissances propres à chaque production d'élève* » (Pierre MERLE et Hosoo MOEKO, L'évaluation des écoliers et collégiens, une approche comparative France-Japon, Carrefours de l'éducation, 2017/2 (n° 44), p. 211-227).

À la longue, ces mauvais sujets finissent par comprendre qu'ils doivent débarrasser le plancher (250) ; à moins de se hisser au niveau prévu.

6. – L'impuissance de l'institution scolaire face à la dyslexie et aux autres troubles des apprentissages.

Dans certaines contrées, l'enseignant se fait un devoir de donner à l'enfant la meilleure image possible de lui-même. Ce qui induit de la confiance et de la volonté de persévérer. Sauf qu'un tel résultat est difficile pour l'enfant qui souffre d'un handicap dont le corps enseignant et les parents peut-être aussi, n'ont pas conscience. L'élève dyslexique rêve alors souvent de s'éloigner le plus possible de l'école.

Selon deux auteures, « *la dyslexie est un trouble de l'apprentissage de la lecture* » (251). Plus précisément appelée « *dyslexie développementale* », elle fait partie, avec la dysphasie, la dyspraxie ou la dyscalculie, des troubles spécifiques des apprentissages. L'institution scolaire ne dispose certainement pas du temps et des moyens pour s'en rendre compte.

D'où un livre entier pour se poser cette question : « *Dyslexie : à qui la faute ?* » (252). Le service militaire obligatoire réussissait pour sa

---

250) Passe encore de procéder à de tels classements à l'adolescence ! Or, cela commence dès le cours préparatoire, voire en maternelle (comme au Japon, en Chine et autres pays asiatiques). Du coup, les enfants sont plutôt beaucoup mieux traités en Australie, au Canada, aux États-Unis, en Angleterre, dans les pays scandinaves, en Espagne, en Italie.

251) Pascale COLÉ et Liliane SPRENGER-CHAROLLES, La dyslexie : de l'enfant à l'adulte. Dunod, « Éducation Sup », 2021, 348 pages.

252) Bernard JUMEL, Dyslexie : à qui la faute ? Dunod, « Enfances », 2016, 256 pages. ISBN : 9782100724970. DOI : 10.3917/dunod.jumel.2016.01.

part à déceler et à sauver quelques esprits ; des esprits pourtant supérieurs mais ignorés, car invisibles (253).

7. – L'abandon de l'école et parfois de la vie par l'élève en question.

L'enfant qui reçoit des coups de ses camarades, ou qui subit leur racket n'emboîtera jamais gaiement le chemin de l'école. Certes, l'abandon intempestif de la scolarité est pourchassé par les autorités publiques, lesquels ont mis en place diverses structures, scolaires, sociales, sanitaires, judiciaires. (254).

L'élève maltraité pourrait même se suicider. Le cas échéant : *« La responsabilité de l'État peut être engagée devant les juridictions administratives pour défaillance dans l'organisation du service en raison des carences dans l'appréhension du harcèlement moral dont fait l'objet un élève au sein d'un établissement public scolaire »*

---

253) Le père de Pierre-Gilles de Gennes (prix Nobel de physique), n'a été détecté comme étant à haut potentiel (c'est-à-dire comme surdoué) que lors du service militaire. Les moutons, dont il était le berger, ne s'en étaient rendus compte, pas davantage que les montagnards du coin. Il finira pourtant médecin militaire. Pour donner à son rejeton encore plus de chances que lui-même en aura eues, il l'envoya dès l'âge de 13 ans apprendre l'anglais à Bristol. Un autre berger (le David des Hébreux) aura eu un destin encore plus glorieux, après la découverte de son potentiel (musical et guerrier).

254) Alors pourtant que ces structures ont le même pré carré (ou cœur de cible), elles ne déploient nullement d'approche pluridisciplinaire. Chacune d'entre elles reste en effet dans son couloir. L'hyperspécialisation des acteurs aboutit à une prise en charge fragmentaire de l'enfant, alors qu'une approche globale paraît souhaitable. Ghislain PLUNUS, un référentiel commun pour une meilleure prise en charge des mineurs en situation d'absentéisme ou de décrochage scolaire, I.N.S.H.E.A., *La nouvelle revue de l'adaptation et de la scolarisation*, 2011/4 n° 56, pages 193 à 202, https://www.cairn.info/revue-la-nouvelle-revue-de-l-adaptation-et-de-la-scolarisation-2011-4-page-193.htm.

(255). En mai 2023, le ministre de l'Éducation en aura été réduit à reconnaître « *un échec collectif* ».

8. – L'adolescence comme période de fragilité psychologique et de physique ingrat.

À ces RPS scolaire se rajoutent des difficultés propres à l'élève lui-même. Par exemple trop de boutons d'acné, ou des seins proéminents incitatifs au regard interrogateur ou même concupiscent. L'absentéisme de l'élève victime de ces divers éléments se comprend sans peine (256).

Au demeurant, l'adolescence est un âge paradoxal où le jeune peut aussi chercher que l'on s'intéresse à lui, parfois grâce à l'école buissonnière. L'enseignant dira alors parfois, d'un tel élève, qu'il brille par son absence. Selon toute apparence, la situation de certains élèves appelle une mesure de placement. L'auteur des souffrances à autrui est parfois lui-même en souffrance, et mériterait une protection judiciaire.

Dans une espèce, « *la mesure de placement a été ordonnée [...] sur la base [...] des éléments d'inquiétude rapportés à l'audience du Juges des Enfants, montrant que Pascaline se mettait gravement en danger*

---

255) Céline VAN MUYLDER, Harcèlement moral d'un élève et responsabilité de l'État, AJDA 2011. 2431 : « *En l'espèce, le tribunal administratif de Rouen a reconnu l'existence une faute dans l'organisation du service et un lien de causalité entre celle-ci et le suicide d'un jeune collégien* ».

256) On est forcément d'accord avec le psychiatre, lorsqu'il estime « *évident que sanctionner les parents d'un jeune victime de racket ou de phobies scolaires, renvoyer un élève porteur d'acné... sont autant de mesures dont l'aberration est flagrante et contre-productive alors qu'il serait si simple de permettre au premier de parler de ce qu'il subit avant d'aller porter plainte, au second d'être orienté vers une aide thérapeutique adaptée et au troisième de consulter un dermatologue !* ». Patrice HUERRE, s'absenter : choix ou nécessité ?, I.N.S.H.E.A., La nouvelle revue de l'adaptation et de la scolarisation, 2011/4, N° 56, pages 13 à 20, https://www.cairn.info/revue-la-nouvelle-revue-de-l-adaptation-et-de-la- scolarisation-2011-4-page-13.htm.

par des conduites inquiétantes, (absentéisme scolaire, agressivité et actes de violences, racket sur un élève, inhalation de produits sorties nocturnes et fugues) ainsi que par des comportements inadaptés vis-à-vis notamment, de sa mère et de sa sœur et le refus de tout cadre et de toute autorité » (257).

9. – La désillusion du lycéen devenu étudiant.

Malgré tout, l'élève même moyen et indiscipliné réussira à obtenir son baccalauréat. Il croira alors pouvoir s'épanouir dans la des structure universitaire qui aura bien voulu l'accueillir (258). En réalité, il risque encore de briller par un important absentéisme, parce que la formation hôtesse ne coïncidera pas à ses motifs impulsifs et déterminants (259).

De plus, la facilité d'accès à l'université contraste terriblement avec le niveau souhaitable pour suivre utilement les enseignements (260). Or, chaque absence augmentera les lacunes qui, compliquant la compréhension des cours suivants, conduiront à l'abandon. Toutefois, les boursiers s'efforceront de participer encore et toujours

---

257) Cour d'appel de Rennes, 24 mai 2013, 13/00007E.

258) « *Les meilleurs étudiants choisissent les grandes écoles par préférence aux universités qui, du fait de l'absence de sélection, sont une solution de repli. À cela deux exceptions : les études médicales et - un peu encore - les études juridiques* » (Hervé CROZE, Pourquoi les facultés de droit devront sortir de l'université, La Semaine Juridique Edition Générale n° 35, 29 Août 2011, 880).

259) Emmanuelle MAUPIN, Le profil du lycéen sera pris en compte pour l'accès à l'université, *AJDA* 2017. 2100 : « *le lycéen fera au maximum dix vœux non hiérarchisés pour éviter les orientations par défaut* ».

260) Fabrice MELLERAY et Rozen NOGUELLOU, La réforme de l'accès à l'université, AJDA 2018. 1162 : « *Si la loi relative à l'orientation et à la réussite des étudiants marque une étape importante dans le développement de la sélection des jeunes souhaitant étudier à l'université, elle s'inscrit dans une logique largement centralisatrice et contribue à certains égards à réduire encore davantage l'autonomie des établissements* ».

aux manifestations (TD et examens) faisant l'objet d'un contrôle d'assiduité.

C'est un effort dicté par la crainte de la perte de la bourse au cas d'absentéisme sans excuse légitime (261).

10. – Le manque de plus-value des cours comme cause d'absentéisme.

Il arrive également que de bons étudiants soient eux aussi absentéistes. La première raison de leur désaffection des locaux d'enseignement est que, suivre les cours, serait éprouvant. Comment cela ? Parce qu'ils sont bruyants et/ou ennuyeux. La seconde raison est l'inutilité de leçons promises. Car, les savoirs proposés sont tous accessibles de chez soi ; c'est-à-dire sans devoir se déplacer (262).

---

261) Code de l'éducation, article R531-31 : « 1// Le paiement des bourses nationales d'études de second degré de lycée est subordonné à l'assiduité aux enseignements. 2// L'assiduité du boursier est certifiée par le chef d'établissement lorsqu'il valide la liste des boursiers pour le trimestre, reçue du service académique des bourses. 3// En cas d'absences injustifiées et répétées d'un élève, la bourse peut donner lieu à retenue. //4 Cette retenue est opérée lorsque la durée cumulée de ces absences excède quinze jours, dans la proportion d'un deux cent soixante-dixième par jour d'absence. 5// [...] ».

262) Michel SERRES, Petite Poucette, Manifestes Le Pommier, 2012, 90 pages : « *Pourquoi bavarde-t-elle, parmi le brouhaha de ses bavards camarades ? Parce que, ce savoir annoncé, tout le monde l'a déjà. En entier. A disposition. Sous la main. Accessible par Web, Wikipédia, portable, par n'importe quel portail. Expliqué, documenté, illustré, sans plus d'erreurs que dans les meilleures encyclopédies. Nul n'a plus besoin des porte-voix d'antan, sauf si l'un, original et rare, invente* ». Thomas CLAY, L'enseignement et la recherche en droit de l'arbitrage, Cahiers de l'arbitrage, 2017, n° 3, p. 419 : « *Il faut donc transformer les cours d'amphithéâtre pour qu'ils offrent quelque chose que les étudiants ne trouvent pas dans leurs livres, quelque chose de suffisamment intéressant pour que la participation aux cours soit utile. Il convient notamment de mettre en place les conditions d'une véritable interactivité* ».

Le déplacement ne s'imposerait à l'esprit que si les cours offraient une certaine valeur ajoutée ; ce qui paraît douteux. Un tel scepticisme recouvre plus généralement de son voile les apprentissages prévus. L'explication est que ceux-ci seraient trop théoriques et, de ce fait, sans intérêt dans la *"vraie vie"*. Bref, tant les désagréments que l'insignifiance des cours universitaires concourent à l'indisponibilité des étudiants. Ces derniers sont dès lors vainement attendus, et n'en tirent donc pas le profit planifié.

Contrairement au pressentiment que l'on pourrait éprouver, ce sévère réquisitoire ne vient pas des étudiants, mais essentiellement des enseignants eux-mêmes (263).

11. – L'exigence apparente de théâtralité dans l'amphithéâtre.

Un auteur reproche à sa corporation des enseignants-chercheurs de s'adonner le plus souvent à *« des dictées sans fin »* dans leurs amphithéâtres (264).

Or, croit-il, rares sont ceux d'entre eux qui « *savent encore mettre en scène un tel cours magistral et leur enseignement, en raison du spectacle, cesse [cesserait] d'être ennuyeux* ». Un vieux professeur de philosophie n'avait peut-être jamais connu l'astuce. Il a en effet rapporté (dans ses mémoires) cette situation vécu en amphi : *« Je me sentais comme un camelot à la foire. Pour attirer l'attention et me faire un instant écouter, il m'aurait fallu cracher le feu, hurler*

---

263) Non, ces enseignants n'entendent pas alors « *scier la branche sur laquelle ils sont assis* ». Ils espèrent plutôt la renforcer en en détectant les failles, en les dénonçant, et en les colmatant au mieux.

264) Jean DANET, Sur la force d'inertie des facultés de droit en France, Dalloz, « Les cahiers de la justice », 2018/2, n° 2, pages 211 à 224 : « *D'autres lisent leur petit manuel en cours ! Les autres cours, les plus nombreux, en dépit du concours d'agrégation, sont ternes, et les meilleurs juristes, ceux qui deviennent de grands magistrats ou avocats déplorent, cinq ans, dix ans, vingt ans après, la morosité qui régnait dans les amphis* ».

dans un mégaphone ou à grand fracas briser quelques piles d'assiettes » (265).

Au fond, est-il sûr que l'état d'esprit du spectacle soit le plus approprié à la diffusion optimale de connaissances universitaires dont la réputation de difficulté n'est certainement pas usurpée ? En d'autres termes, il conviendrait peut-être de distinguer théâtre et amphithéâtre.

Il n'empêche qu'un professeur de droit avait déjà soutenu que le cours magistral *« est un pensum pour l'étudiant passif et même pour l'enseignant, à peine plus actif. Il suffit de voir la désertion des cours d'amphithéâtre par les étudiants et par les enseignants les plus capés pour le confirmer »* (266).

Cette affirmation paraît discutable relativement aux *« enseignants les plus capés »*. Car leur désertion s'explique davantage par le refus d'affronter les nouveaux étudiants, et par la plus grande latitude qu'ils ont de vaquer à d'autres activités universitaires choisies (267).

12. – Le refus professoral du contrôle de l'absentéisme des étudiants.

Comme si la désertion spontanée et illicite des amphis n'était pas déjà assez préoccupante, le contrôle des absences est remis en cause. Quoi qu'il en soit, des enseignants suisses se sont émus du

---

265) Nicolas GRIMALDI, *l'effervescence du vide*, Grasset, 2012, 166 pages.

266) Thomas CLAY, L'enseignement et la recherche en droit de l'arbitrage, *Cahiers de l'arbitrage*, 2017, n° 3, p. 419.

267) Cour administrative d'appel, Versailles, Chambre 6, 21 Février 2013 - n° 11VE00991 : « *aux termes de l'article 7 du décret susvisé du 6 juin 1984, en vigueur à la date de la décision attaquée* », *a jugé cette juridiction*, « *les professeurs des universités ont vocation prioritaire à assurer leur service d'enseignement sous forme de cours. Ils ont en outre, la responsabilité principale de la direction des centres de recherche* ». Leurs collègues, maîtres de conférences devant être servis en second lieu, ces derniers disposent d'un plus faible éventail de choix.

changement de règlement intérieur dans leur Université de Lausanne. L'émotion invoquée aura été générée par l'article 30 du nouveau règlement, lequel portait que : *« Le contrôle de la fréquentation d'un enseignement par les étudiants, par exemple par le biais d'une "liste de présence", n'est pas un mode de validation. Ce contrôle n'est en principe pas autorisé ».*

Dès lors, se posait la question de savoir *« comment procéder pour faire venir les étudiant-e-s en classe ».* En réponse, un autre enseignant a rétorqué qu'une telle évolution était défendable ; car incitant à dépasser l'intérêt excessif qui est donné au présentéisme. Plus précisément, écrit-il, *« la raison d'être de cette règle est d'encourager les enseignant-e-s à davantage tenir compte de critères pédagogiques pour valider un séminaire plutôt qu'en se basant sur le seul critère de la présence physique en classe »* (268).

13. – La lecture active (d'un livre) préférable à l'écoute passive en amphi.

Dans un étude remarquable, un professeur français de droit convient *« qu'un étudiant qui dispose d'une heure de temps apprendra beaucoup plus en lisant avec attention le manuel qu'il aura choisi qu'en écoutant passivement un cours dispensé en amphithéâtre »* (269).

« Si le cours n'a d'autre vocation que d'offrir le contenu d'une matière, il ne sert plus à rien. L'apport personnel de l'enseignant n'est plus tel qu'il justifie la présence silencieuse, quasi religieuse, de l'étudiant pour l'écouter » (270). Pour sa part, une scientifique belge, devenue pédagogiste, recommande aux étudiants de systématiquement se

---

268) Amaury DAELE, L'absentéisme des étudiant-e-s. Pédagogie universitaire - enseigner et apprendre en enseignement supérieur [En ligne]. 2011 Nov. [cité le 12 juillet 2017]. Disponible : https://lc.cx/NEGA.

269) Thomas CLAY, L'enseignement et la recherche en droit de l'arbitrage, *Cahiers de l'arbitrage*, 2017, n° 3, p. 419.

270) Idem.

demander s'il est *« intéressant et pertinent d'assister à la grande majorité des cours magistraux »*.

Elle dit aux étudiant que si après avoir examiné *« avec recul plusieurs cours magistraux d'une même matière ainsi que votre activité pendant ce cours, vous constatez avec regret qu'aucune valeur ajoutée n'est apportée, vous pouvez remettre votre présence à ce cours en question et exploiter ce temps pour découvrir et traiter la matière par vous-même »* (271).

14. – L'hommage au système universitaire allemand.

Le phénomène des étudiants fantômes frappe ainsi donc la Belgique et la Suisse, ou à tout le moins leur aire francophone. Peut-être la méthode allemande est-elle plus pertinente et donc davantage courue (272).

En 1932 déjà, un professeur parisien indiquait à des américains qu'en France, la Faculté de Lettres tenait en horreur la mémorisation servile, laquelle semble à l'œuvre ici et là, dans les autres facultés. En effet, se vantait-il, chez eux l'on pratique de préférence l'initiation *« au travail personnel et à la recherche approfondie et*

---

271) Mireille HOUART, Réussir sa première année d'études supérieures, de Boeck supérieur, 2è éd. 2017, p. 24. L'auteure résume la valeur ajoutée d'un CM : « *découverte de la structure de la matière ; compréhension des notions ; matières notées par le professeur de manière compacte ou sous forme de schémas ; première mémorisation ; qualité de votre prise de notes ; intérêt pour la matière* » (p. 25).

272) « *L'insertion professionnelle des doctorants est difficile en France bien davantage qu'en Allemagne. [...]. L'amélioration de l'intégration professionnelle des étudiants devrait être obtenue, selon la ministre et sa majorité parlementaire, au moyen de l'intégration des expériences dans l'entreprise dans le temps de la formation* » (Antony TAILLEFAIT, La loi relative à l'enseignement supérieur et à la recherche du 22 juillet 2013 : une ligne de départ pour la réforme de l'université française ?, La Semaine Juridique Administrations et Collectivités territoriales n° 51, 16 Décembre 2013, 2365).

originale, et nous regrettons à cet égard qu'il y ait encore trop de cours professés ex cathedra et trop peu de conférences du genre du Séminaire allemand et de notre École des Hautes Études, où l'élève explique les textes et apporte ses travaux, devant ses camarades et devant le maître, qui fait la critique » (273).

Neuf décennies plus tard, un professeur de droit (de Sciences Po) aura également eu à s'interroger sur la place susceptible d'être faite à la méthode allemande (plus de pratique et moins de théorie). Il suggère alors aussi des séminaires suivis de recherches personnelles (274).

15. – L'anachronisme des méthodes d'enseignement du droit à l'université.

Un professeur de droit dénonce le fait que : *« Le droit s'enseigne comme il y a dix siècles alors que tout a changé »*. Il songe notamment à l'émergence récente du numérique. C'est dans ces circonstances qu'il renvoie au livre ad hoc d'un de ses collègues (275). L'idée est que le numérique permet de faire parvenir à des milliers d'étudiants (n'importe où dans le monde), aussi bien le cours, que la

---

273) Gustave COHEN, La Formation de L'étudiant et du Professeur Français, The French Review, Vol. 5, No. 6 (May, 1932), pp. 445-461 : American Association of Teachers of French ; https://www.jstor.org/stable/379638.

274) Christophe JAMIN, Enseigner le droit : sujet inépuisable ..., Dalloz, *Les Cahiers de la Justice*, 2018/2, n° 2, pages 239 à 249. En effet, dit-il, l'on pourrait « *imaginer des études juridiques s'organisant autour de la division tripartite et chronologique qui suit : [apprentissage du langage de base au travers des quelques matières essentielles ; multiplier les études de cas ; revenir parfois en bibliothèque pour approfondir une question théorique]. [...] comment apprendre ce langage de base dans chacune de ces matières ? Par le biais d'un cours magistral à la française ou à l'allemande (qui est plus interactif alors même que le nombre des étudiants est à peu près identique à celui d'un cours dispensé en France) ? »*

275) Il s'agit de collègue Bruno DONDERO, Droit 2.0 : *Apprendre et pratiquer le droit au XXIe siècle*, LGDJ-Lextenso éditions, 2015

documentation interactive correspondante. Ce qui présente par ailleurs l'avantage de régler *« le problème de la pénurie d'espace dans les amphithéâtres car le présentiel n'est plus »* (276).

Cet émerveillement devant l'ordinateur et l'Internet suscite néanmoins quelques réserves. Parce que, d'une part, l'échange humain direct entre le maître et l'élève paraît utile (277). D'autre part, l'on sait que pour l'étudiant qui veut réussir (et réussira sans doute), *« le cours reste la référence principale dans la préparation des examens »* (278).

Or, celui-ci est préférable en face à face charnel : *« C'est grâce à cette présence physique de tous que, non seulement le savoir est transmis,*

---

276) Thomas CLAY, L'enseignement et la recherche en droit de l'arbitrage, *Cahiers de l'arbitrage*, 2017, n° 3, p. 419.

277) « *Une dématérialisation des enseignements supprimerait ou du moins modifierait sensiblement la relation entre l'enseignant et ses étudiants. Or, face à un amphithéâtre, il est tout à fait possible de « sentir » (soit par des questions posées, soit, plus souvent, en constatant un certain trouble parmi les étudiants) que le message n'est pas passé, que l'explication n'a pas été comprise, qu'elle doit être reformulée ou qu'un autre exemple doit être pris. Ce rappel plaide à nouveau en défaveur d'un cours enregistré et diffusé, reproduit devant des étudiants spectateurs et donc passifs* » (Jean-Baptiste PERRIER, interactivité et innovations pédagogiques, Libres propos, Dalloz, Les Cahiers de la Justice, 2018/2, n° 2, pages 251 à 256).

278) Jean-Luc PRIMON et Alain FRICKEY, Les manières sexuées d'étudier en première année d'université, Presses de Sciences Po (P.F.N.S.P.), *Sociétés contemporaines,* 2002/4 no 48, pages 63 à 85, https://www.cairn.info/revue-societes-contemporaines-2002-4-page-63.htm. Les étudiantes (filles) paraissent moins absentéistes que leurs camarades masculins. Elles ont compris que « *le cours reste la référence principale dans la préparation des examens. La prise de notes et donc la manière de conserver le contenu du cours, loin d'être une tâche secondaire, constitue une activité centrale dans le métier d'étudiant* ». De leur part, noter l'intégralité du cours semble par conséquent défendable. Au fond, leur assiduité et leur discipline d'écolier modèle ne font sourire que ceux qui ignorent qu'elles ravissent ensuite les premières places des examens et concours.

mais aussi et surtout la passion de la discipline enseignée, celle que les étudiants ne trouveront pas dans les livres » (279).

16. – L'avis des étudiants d'aujourd'hui sur leurs cours.

Dans le souci de mieux comprendre le (nouveau) public étudiant et ses espérances, une cohorte de 112 étudiants a été interrogée en septembre 2012 et 2013. L'enquête visait plus précisément à obtenir leur avis sur les méthodes d'enseignement et sur le contenu des cours.

À croire l'une des analystes, « *les résultats ont permis de mettre en lumière d'une part, l'importance de la notion d'utilité du cours telle que perçue par les étudiants et d'autre part, la focalisation des attentes des étudiants sur des compétences dites "non académiques" de l'enseignant* » (280).

À la même époque, un auteur soutenait que : « *les étudiant-e-s sont motivé-e-s pour apprendre et travailler ! La seule chose qu'ils/elles demandent est que ce qu'ils/elles apprennent ait du sens par rapport à leurs objectifs personnels !* » (281).

Pareillement une thèse doctorale s'était déjà préoccupée de « *la nécessité de répondre aux difficultés d'enseigner les sciences en prenant en*

---

279) Christophe CARON, Télé-étude, *Communication Commerce électronique n°* 4, avril 2021, repère 4.

280) Cynthia ENGELS, Les attentes des étudiants de génération Y en formation paramédicale : des compétences académiques mais aussi non académiques, Association de recherche en soins infirmiers (ARSI), Recherche en soins infirmiers ; 2017/4 N° 131 | pages 41 à 51, https://www.cairn.info/revue-recherche-en-soins-infirmiers-2017-4-page-41.htm.

281) Amaury DAELE, L'absentéisme des étudiant-e-s. Pédagogie universitaire - enseigner et apprendre en enseignement supérieur [En ligne]. 2011 Nov. [cité le 12 juillet 2017]. Disponible : https://lc.cx/NEGA.

compte la singularité de l'élève et en donnant du sens aux apprentissages » (282).

Le drame est que, même « *l'aide proposée par le biais du tutorat s'éloigne parfois fortement des demandes réelles des étudiants, notamment pour ce qui concerne la préparation aux examens* » (283).

17. – L'historique de Paul GERBOD sur la critique de l'université comme tremplin vers l'emploi.

En vérité, les doutes relatifs à l'intérêt des formations se révèlent récurrents. « *Dès 1904, le doyen de la Faculté de Droit de Lille souligne que "beaucoup de nos excellents élèves qui ne sont pas favorisés par une situation de famille les mettant à l'abri de toute appréhension se découragent à l'avance à l'idée de se trouver sans occupation, munis d'un titre inutile"* ».

« *En 1905, I'A.G. de Lille constate à son tour qu'il existe "un mal évident" : les offres d'emploi pour les juristes et les pharmaciens se raréfient. En 1910, les étudiants en sciences se plaignent de ne pas trouver facilement des débouchés dans l'industrie et exigent des enseignements plus utiles à leur avenir professionnel. En 1922, un service de placement des étudiants est ouvert à la Sorbonne et, en 1928, dans L'Europe Nouvelle, Fernand Maurette s'inquiète de la "surproduction de travailleurs intellectuels". [...]. Dans les années*

282) Marion DUBOSQ, L'impact des contenus d'enseignement sur les adolescents : l'enseignement de l'atome en collège et lycée : vers une didactique instrumentale, Th. Sciences de l'Éducation, Lyon, 2017, Résumé.

283) Cathy PERRET, Julien BERTHAUD et Laurent PICHON, Proposer des révisions intersessions aux étudiants de 1ère année : quelles relations avec la réussite aux examens ?, CERSE - Université de Caen, *Les Sciences de l'éducation, Pour l'Ère nouvelle*, 2014/1 Vol. 47, pages 37 à 65, https://www.cairn.info/revue-les-sciences-de-l-education-pour-l-erenouvelle-2014-1-page-37.htm.

30, le problème des débouchés prend un tour inquiétant : le "chômage des diplômés de l'enseignement supérieur" s'est aggravé ».

« En 1932 est fondé le Bureau universitaire de statistique et d'orientation professionnelle avec l'appui de l'UNEF et du Ministère de l'Éducation Nationale. Cet organisme lance en 1937 un bulletin régulier d'informations le Courrier des Étudiants et, la même année, En 1937, Roland Weil avait déjà publié "Le chômage de la jeunesse intellectuelle diplômée". [...] ».

« Les polémiques resurgissent toujours plus passionnelles sur l'inutilité des études supérieures, la multiplication des "étudiants fantômes" et des "éternels étudiants". On oppose aux "universités parking" frappées de gigantisme et de stérilité, quand elles ne sont pas un danger pour l'ordre social et politique (depuis la crise de mai 68), le système rationnel des "Grandes Écoles" et des Écoles d'ingénieurs et techniciens fondé sur une sélection sévère et sur des cursus pragmatiques » (284).

Le professeur PAUL GERBOD allait jusqu'à se demander si ce n'était pas l'université tout entière qui était devenue anachronique, comparativement aux écoles à vocation professionnelle d'où sortent ingénieurs et gestionnaires. Or ces écoles ont parfois des niveaux intellectuels satisfaisants ainsi qu'un pragmatisme qui manque à l'université, laquelle ne tient pas compte (par ignorance ou par arrogance), des *« besoins réels et récents du marché de l'emploi »* (285).

---

284) Paul GERBOD, Note sur la condition matérielle et morale de l'étudiant français, Revue française de sociologie, Vol. 21, No. 2 (avril. - juin, 1980), pp. 251-258, Sciences Po University Press on behalf of the Association Revue Française de Sociologie, https://www.jstor.org/stable/3321110. « *Les grèves, du moins jusqu'en 1976, n'ont cessé de paralyser le travail universitaire ; la "démagogie" et l'"impuissance" du corps enseignant ont contribué à la dévaluation des diplômes. L'absentéisme et un laisser-aller général sont les signes révélateurs du malaise* ».

285) Paul GERBOD, précité :

18. – Le plaidoyer pour une université fidèle aux raisonnements.

Un professeur spécialisé dans les Sciences de l'information et de la communication réfute la critique des théories à l'université. Car une vision si utilitariste ne laissera subsister que quelques structures autorisant du recul et de la hauteur de vue. En effet, la grande masse des formations se contentera de marteler règles et formules dans les cerveaux, sans jamais essayer d'en comprendre la genèse et la finalité ultime.

Plus précisément, proclame cet auteur : *« La réduction des CM au profit des TD expurgera mécaniquement l'enseignement supérieur de ses dernières scories de pensée critique et réduira le peu de recherche qui y était encore menée avec les moyens du bord : une fois qu'on ne fera plus que surveiller des exercices techniques réalisés par les étudiants, au lieu de leur exposer des problématiques ayant une certaine ampleur de vue, on aura au nom du pédagogisme, réalisé l'idéal des marchés financiers : faire de l'université un vivier de futurs jeunes stagiaires employables et jetables à merci, et non plus un lieu d'émancipation par l'exercice d'une réflexion autonome »* (286).

286) Igor BABOU, 2015. https://blogs.mediapart.fr/igor-babou/blog/200915/le-metier-de-chercheur-lenseignement-et-les-seminaires.

LE DILEMME ENTRE DÉPART AU TRAVAIL ET AIDE À UN PROCHE

Clotaire MOULOUNGUI
Maître de conférences hors classe à l'ULCO (académie de Lille)
Ancien Chef du Département Gestion des Entreprises et des Administrations
Responsable de la licence professionnelle Métiers de la Gestion et du Social

Résumé : Des personnes manquent parfois une activité programmée parce privilégiant une valeur qu'elles considèrent comme plus importante. La supériorité de valeur se discute peu lorsque le choix consiste à aller s'occuper d'un proche malade : un descendant, un ascendant ou un conjoint. Apparemment, le *"bon choix"* (la solidarité familiale plutôt que le travail rémunérateur) sera suggéré à chacun, tant par son for intérieur que par la pression sociale.

Mots clefs : Enfant malade ; aidant familial ; devoir moral ; perte de salaire.

Abstract : People sometimes miss a scheduled activity because they prioritize a value they consider more important. The superiority of value is rarely discussed when the choice involves caring for a sick loved one: a descendant, an ascendant, or a spouse. Apparently, the "right choice" (family solidarity rather than gainful employment) will be suggested to each individual, both internally and through social pressure.

Keywords : Sick child; family caregiver; moral duty; loss of wages.

1. – Le préjugé favorable de l'absentéisme en vue d'une assistance à son parent malade.

Des personnes manquent parfois une activité programmée parce privilégiant une valeur qu'elles considèrent comme plus importante. La supériorité de valeur se discute peu lorsque le choix consiste à aller s'occuper d'un proche malade : un descendant, un ascendant ou un conjoint. Apparemment, le *"bon choix"* (la solidarité familiale plutôt que le travail rémunérateur) sera suggéré à chacun, tant par son for intérieur que par la pression sociale.

Dès lors, l'absentéisme résulte d'une contrainte morale, interne et/ou externe (287). En tous cas, le législateur comprend parfaitement une éventuelle volonté de demeurer chez soi en vue d'assumer ses responsabilités familiales, plutôt que d'aller travailler au profit d'un employeur. Certes, un tel choix de la famille au détriment de l'employeur s'explique parfois par un évènement familial de gravité relative.

Comme le droit social fait une meilleure place au lien de famille que le droit des contrats, le concubinage est pris en compte. Mieux, *« la notion de proche aidé a été élargie et s'est affranchie du lien familial »* (288).

---

287) Cet absentéisme contraint se situe à mi-chemin entre l'absentéisme choisi (congés, grève, droit de retrait) et l'absentéisme subi (intempéries, suspension, mise à pied, maladie, etc.). (Denis MONNEUSE, *L'absentéisme au travail, De l'analyse à l'action*, Afnor éditions, 2015).

288) Alexis BUGADA, La reconnaissance juridique des proches aidants, La Semaine Juridique Social n° 48, 4 Décembre 2018, 1387 : « *La qualification juridique de proche aidant devrait transcender toutes les modalités d'exercice professionnel [salariés, indépendants, fonctionnaires]. Le besoin d'aide de proximité est une réalité sociologique universelle* ».

On sait au contraire qu'en matière de preuve du contrat, l'impossibilité morale ayant empêché de se préconstituer un écrit probatoire se limite à la famille légale et proche (289).

2. – La possibilité d'une renonciation gratuite à son congé familial.

D'un point de vue strictement juridique, le salarié n'est pas tenu de profiter du congé qui lui est ouvert pour évènement familial. Dans ces conditions, l'employeur n'a pas à le lui accorder d'office. D'autant plus qu'un employeur ne connaît pas (et n'a pas à connaître) la vie privée du salariée. Plus exactement, il n'est censé connaître que les évènements de la vie privée dont le salarié aura bien voulu lui parler. Encore que l'on puisse parfois hésiter (290).

Si par négligence ou par inattention le travailleur laisse s'écouler la période durant laquelle il pouvait (encore) profiter du congé, celui-ci est perdu. Précisément, la victime (de la prescription extinctive, de la déchéance, ou de la forclusion) ne sera pas fondé à réclamer une

---

289) On sait que le juge donne gain de cause à celui des deux plaideurs qui le convainc en lui soumettant les preuves admises par la loi. Pour un contrat dont le montant en jeu dépasse 1500 euros, il faut une preuve littérale, une preuve écrite. Néanmoins, celui sur qui pèse la charge de la preuve a le droit de se retrancher derrière l'impossibilité morale à laquelle il aura été confronté lors de la conclusion du contrat. En effet, une certaine gêne, une pression morale, est ressentie par celui qui contracte avec un membre de sa famille. Et le juge accepte de dispenser l'intéressé de la fourniture de la preuve littérale si le lien de parenté entre les deux cocontractants est assez fort. La cour d'appel de Besançon n'aura pas vu cette intensité de la relation (d'amour et de confiance) issu d'un concubinage (en l'espèce entre le père et le compagnon de sa fille). Ce refus jurisprudentiel de reconnaître l'impossibilité morale de préconstituer un écrit aura été compris par la doctrine (Philippe STOFFEL-MUNCK, Impossibilité morale de préconstituer la preuve, *RDC* 2004, n° *RDC*O2004-4-009, p. 942).

290) « *La durée de chaque congé n'est pas d'ordre public à l'exception des congés pour événements familiaux* » Gérard VACHET, Les congés après la loi du 8 août 2016, La Semaine Juridique Social n° 35, 6 Septembre 2016, 129.

indemnité à l'employeur pour qui il aura œuvré, alors qu'il aurait pu s'en garder (291).

Les fonctionnaires bénéficient de l'alignement de leur régime de congés pour raison familiales sur celui des salariés (292). C'est ainsi qu'ils bénéficient aussi des vingt-huit jours du congé de paternité et d'accueil de l'enfant (293). L'État employeur affiche dès lors une politique finalement volontariste, ainsi que souhaité par la doctrine (294).

3. – Le caractère heureux ou malheureux de l'évènement familial de congé.

Les absences pour évènements familiaux, heureux ou malheureux, ont en commun la conservation son salaire par l'absentéiste (295). Cette

291) Romain MARIÉ, Fasc. 28-15 : Suspension du contrat de travail. – Applications, *JurisClasseur Travail Traité*, 28 Mars 2018, n° 3. Il serait défendable qu'un justiciable songe à invoquer le quasi-contrat d'enrichissement injustifié, autrefois dit enrichissement sans cause (avant une ordonnance de 2016).

292) Confer l'ordonnance du 25 novembre 2020 portant diverses mesures en matière de santé et de famille dans la fonction publique, ainsi que ses deux décrets d'application. Le premier concerne la fonction publique de l'État (décret n° 2021-871 du 30 juin 2021), tandis que le second porter sur la fonction publique territoriale (Décr. n° 2021-846 du 29 juin 2021).

293) Marie-Christine DE MONTECLER, Les nouveaux congés familiaux des fonctionnaires de l'État, *AJDA* 2021. 1416.

294) Alexis BUGADA, La reconnaissance juridique des proches aidants, *La Semaine Juridique Social* n° 48, 4 Décembre 2018, 1387.

295) L'article L3142-2 précise que les congés pour évènements familiaux ne causent pas de perte de salaire. De plus, non seulement les jours correspondant ne doivent pas être amputés sur la durée du congé annuel, ils « *sont assimilés à du temps de travail effectif pour la détermination de la durée du congé payé annuel* ».

générosité du législateur français se rencontre aussi dans d'autres pays de l'Union européenne (296).

Parmi les évènements plutôt heureux, il y a essentiellement la naissance ou l'adoption (trois jours de congé) ; ainsi que le mariage d'un enfant (un jour de congé). Selon toute apparence, l'union d'un tel descendant semble être le mariage. En revanche, pour le salarié lui-même, le Code du travail tient également compte de la conclusion d'un pacte civil de solidarité comme justificatif de congé.

On notera que ce parent lui-même bénéficie alors de quatre jours d'absence au travail. Les évènements malheureux de nature à accabler le salarié sont : l'annonce de la survenue d'un handicap chez un enfant (deux jours de congé) (297). Il y a ensuite le décès d'un membre de la famille (trois jours en général).

Le mort en question sera : son enfant ; son conjoint ; son concubin ou de son partenaire lié par un pacte civil de solidarité ; son père ou sa mère ; son beau-père ou sa belle-mère ; son frère ou sa sœur (298).

---

296) « *Dans nombre d'États membres de l'Union européenne, la législation et/ou les accords collectifs reconnaissent aux travailleurs des autorisations exceptionnelles d'absence du travail à l'occasion de différents événements familiaux. [...]. La logique de ces autorisations d'absence est qu'elles n'entraînent aucune réduction de la rémunération (art. L. 3142-2) dans la mesure où le salarié est fondé à quitter son travail pour être présent à l'événement familial en question* » (Marc VÉRICEL, Non-cumul des congés pour événements familiaux avec le congé, Rev. trav. 2021. 19).

297) Comme il faut du temps pour intégrer l'annonce du handicap (anatomique ou physiologique) de son enfant, le législateur de 2016 aura décidé d'accorder aux parents deux jours d'autorisation d'absence (art. L3142-4).

298) Le masculin est utilisé de façon générique dans la phrase ci-dessus. Bien entendu, la personne endeuillée pourrait être de sexe féminin ou de sexe indéterminé. D'un autre côté, comme en droit de la famille, un doute s'insinue à la lecture de cette liste législative qu'il faut supposer comme étant exhaustive. En effet, le beau-père est-il le nouveau conjoint de la mère, le père de notre femme, ou bien les deux à la fois ? Ce droit de la famille pose par ailleurs la réciprocité de la dette d'aliments entre le beau-

4. – Le congé du salarié pour décès de son enfant.

Pour tout enfant perdu, le salarié bénéficie de cinq jours de congé. Cette durée qui passe à sept jours si l'enfant ainsi prédécédé avait moins de 25 ans ; ou bien s'il avait lui-même un descendant. Observons que sous le mandat présidentiel d'Emmanuel Macron, il a été créé un congé de deuil. Sa durée de huit jours se rajoute aux sept jours précités (299).

Le législateur autorise leur prise dans l'année du décès. De plus, le survivant éploré n'encourt pas de perte financière ; grâce notamment à *« l'indemnité mentionnée à l'article L331-9 du code de la sécurité sociale »*, précise l'article L3142-2 du Code du travail (300).

---

père et le gendre ou la bru. Pourquoi ces derniers seraient-ils autorisés à s'absenter pour ses funérailles, mais pas l'inverse ? Certes, quelques survivants pensent que le moment des obsèques est trop surfait, et n'y prennent nullement part. Du reste, l'employeur ne vérifie pas la piété filiale et l'amour parentale qu'il y aurait entre le survivant et le prédécédé. Il se pourrait qu'en réalité l'un sollicite le congé afin (hélas) de pouvoir aller cracher sur la tombe de l'autre. Il est entendu que « *dans l'existence, il y a deux choses que tu ne peux choisir [...]. La première, ce sont tes ennemis. La seconde, c'est la famille. Parfois la différence entre les uns et les autres est difficile à mesurer, mais le temps finit par vous enseigner que vos cartes auraient toujours pu être pires* » (Carlos Ruiz ZAFÓN, trad. François MASPERO, Palais de Minuit, 1994).

299) Code du travail, article L3142-1-1. Valérie AVENA-ROBARDET, La reconnaissance de l'enfant mort-né, AJ fam. 2008. 95 ; « *le certificat d'accouchement, continuera de produire ses effets au profit des parents (tels que le droit à un congé de deuil, une allocation spécifique ou l'organisation de funérailles, tous droits soumis à des conditions propres pouvant tenir à la durée de la grossesse, au poids de l'enfant ou à des conditions de ressources)* » (Elsa SUPIOT, Vers une pleine individualisation de l'enfant né sans vie, D.A., 10 décembre 2021).

300) Romain MARIÉ, Fasc. 28-15 : Suspension du contrat de travail ; Applications, *JurisClasseur Travail Traité*, 28 Mars 2018, Points clés.

La durée du congé de deuil reconnue aux parents a toujours semblé courte. D'où une pression sociale pour son allongement (301). Ce qu'aura précisément fait la loi du 8 juin 2020, dans ce domaine en particulier (302).

Selon l'âge de l'enfant prédécédé, le parent disposera du congé classique de cinq jours ou, désormais, celui nouveau de sept jours. Celui-ci suppose que le défunt soit mort avant ses 25 ans ou qu'il ait laissé un orphelin. Dans ce cas particulier, au congé pour obsèques se rajoute huit jours de congé de deuil (article L3142-1-1).

Afin que le manque d'argent personnel ne constitue pas un obstacle à la prise du congé, un revenu de remplacement est prévu pour le parent qui aura momentanément arrêté de travailler (303).

5. – La préoccupation ministérielle sur la modalité de financement du congé de deuil allongé.

La ministre du travail de l'époque (Muriel Pénicaud) aura été d'accord avec la proposition d'un congé plus long et sans perte de revenu. Elle avait néanmoins déconseillé le vote de l'amendement parlementaire proposant l'innovation sociale. Car il fallait trouver

301) La loi du 8 août 2016 avait déjà amorcé l'augmentation de la durée de certains des congés pour évènement familial. Un jour supplémentaire en cas de décès de son partenaire de couple (de 2 à 3) ; mais deux jours de plus en cas de deuil d'un enfant (de 3 à 5), ou d'un autre parent proche (de 1 à 3). C'est la loi de 2016 qui a fini par reconnaître la nécessité d'une période de deuil en cas de perte de son (simple) concubin et aligné le congé correspondant à celui des couples officiels (marié ou pacsé).

302) « *Si elle a pour effet d'améliorer le droit existant, en allongeant la durée du congé initial, sa portée est de plus grande ampleur. En effet, la loi prévoit la création d'un nouveau congé de deuil, l'extension du champ d'application du don de jours de repos et une prise en charge du financement des jours de congés* » (Ariane GAILLIARD, Le deuil de l'enfant du salarié : faire face à l'impensable, Droit de la famille n° 9, Septembre 2020, comm. 129).

303) Code de la Sécurité Sociale, article L331-9.

au préalable le mécanisme permettant de financier ce nouvel acquis social.

Bien entendu, toute aide sociale provient originellement de poches d'individus ou de caisses d'entreprises. Or, la ministre entendait éviter que l'employeur du parent endeuillé soit le seul à supporter le poids du salaire sans travail. Les autres employeurs du pays pouvaient sans doute être mis à contribution.

Mieux, la charge pouvait ressortir du budget de l'État ; auquel cas elle aurait pesé sur tous les contribuables. Quelle piste choisir, dans ce moment d'émotion et d'improvisation ? Ces tergiversations de la ministre, apparemment compréhensible, ont souffert de la réprobation populaire. Pire, le président de la République lui-même aura alors recommandé le réexamen de la disposition par *« devoir d'humanité »*. La charge financière correspondante est supportée par la collectivité tout entière, plutôt que par le seul employeur (304).

6. – Les particularismes du congé de solidarité familiale (CSF).

Ces congés pour évènements familiaux ont en commun la brièveté : entre une journée et une semaine (305). C'est néanmoins loin d'être

---

304) Ariane GAILLIARD, Le deuil de l'enfant du salarié : faire face à l'impensable, Droit de la famille n° 9, Septembre 2020, comm. 129 : « *Il était devenu, moralement et économiquement intenable, aux yeux des députés, que le financement de ces congés repose entièrement sur l'employeur* ».

305) Une convention collective est susceptible d'allonger la durée du congé déjà ouvert au salarié (article L3142-4). Le congé porte sur les jours ouvrables, puisque les dimanches et fêtes sont déjà offerts à tous. On notera (pour l'anecdote) que le même article parle aussi de jours ouvrés. Mais, sans doute est-ce son alinéa final qui doit l'emporter. Aux termes de celui-ci, « *les jours de congés mentionnés au présent article sont des jours ouvrables* ».

le cas du CSF, c'est-à-dire le congé de solidarité familiale (306). Effectivement, sa durée peut atteindre trois mois, renouvelables. Et la convention collective applicable prévoira peut-être une durée plus longue (307).

Le CSF s'envisage au cas où un très proche (familialement ou géographiquement) se rapproche de la mort. Aux termes de la loi, l'on peut prétendre à ce congé lorsque : *« un ascendant, un descendant, un frère, une sœur ou une personne partageant le même domicile souffre d'une pathologie mettant en jeu le pronostic vital ou est en phase avancée ou terminale d'une affection grave et incurable »* (308).

Le législateur ajoute que la personne de confiance, que le mourant s'était choisi a lui aussi droit à ce congé. Toutefois, un certain flottement existe aussi bien à propos de date de départ qu'à propos du retour au travail. Selon toute vraisemblance, le législateur table sur la compréhension de l'employeur. Celui-ci pourrait même accepter que le salarié transforme ce congé en période d'activité à temps partiel, ou bien qu'il le fractionne (309).

La volonté du salarié de garder un pied dans l'entreprise s'expliquera essentiellement par le fait qu'en travaillant encore, il percevra encore une portion de sa rémunération habituelle (310).

---

306) Code du travail, article L3142-6 à L3142-15.
307) Code du travail, article L3142-15.
308) Code du travail, article L3142-6.
309) Code du travail, article L3142-8.
310) Car le salaire n'est pas maintenu dans ce type de congé. En revanche, le salarié conserve divers avantages. Code du travail, article L3142-12 : « *La durée de ce congé ne peut être imputée sur celle du congé payé annuel. // Elle est prise en compte pour la détermination des avantages liés à l'ancienneté. // Le salarié conserve le bénéfice de tous les avantages qu'il avait acquis avant le début du congé* ».

7. - Le congé sans rémunération du proche aidant et son besoin de répit.

Plus longs que les congés de solidarité familiale, et plus encore que les congés pour évènements familiaux, il y a le congé de proche aidant (311). En l'occurrence, le proche à aider *« présente un handicap ou une perte d'autonomie d'une particulière gravité »*. La liste de proches dignes d'être aidés est plutôt longue. Il peut s'agir : de la personne avec laquelle on vit en couple (mariage, concubinage, pacs) ; d'un ascendant ; ou d'un descendant (312).

Comme pour pénaliser le travailleur d'origine étrangère, et dont la famille vivrait (toujours) à l'étranger, le Code du travail prévoit que : *« La personne aidée doit résider en France de façon stable et régulière »* (313). Autre paradoxe : alors que sa rémunération n'est pas maintenue, le proche aidant n'a pas le droit de travailler durant le congé. Or, le travail provisoire pourrait être plus compatible avec l'aide nécessitée par le proche handicapé (314).

Nul ne peut se satisfaire du sort de l'aidant qui, seul, apporte et supporte cette aide nécessaire à la personne malade ou en situation de handicap. Car s'il finissait par craquer et par tomber lui aussi malade, la collectivité se retrouverait alors avec deux personnes que la CPAM devrait prendre en charge. Le risque d'épuisement de

---

311) Ce congé est prévu par les articles L3142-16 à L3142-27 du Code du travail.

312) L'article L3142-16 envisage aussi les collatéraux jusqu'au quatrième degré, les parents de l'autre membre du couple. Un étranger à la famille est pris en considération. Le salarié doit « *personne âgée ou handicapée avec laquelle il réside ou avec laquelle il entretient des liens étroits et stables, à qui il vient en aide de manière régulière et fréquente, à titre non professionnel, pour accomplir tout ou partie des actes ou des activités de la vie quotidienne* ».

313) Code du travail, article L3142-17.

314) Code du travail, article L3142-19. Certes, celui-ci pourrait devenir l'employeur de celui-là (article L3142-18). Au demeurant, le législateur prévoit le retour anticipé du salarié sur le fondement d'une « *Diminution importante des ressources* ».

l'aidant est pris en considération au moyen de l'aide au répit. Il consiste en un laps de temps de quasiment deux jours (36H).

L'aidant peut alors s'évader de son rôle de garde-malade, pour récupérer d'une dette de sommeil, pour aller en villégiature, etc. Un effort social et sociétal plus grand est envisageable au profit des proches aidants : *« des aides au relais dans la réalisation des actes d'accompagnement de l'aidé méritent encore des réflexions et des innovations »* (315).

8. – Le jugement au fond du litige sur le congé familial par le juge des référés.

L'employeur pourrait ne pas accepter le départ du salarié à l'évènement familial invoqué. Depuis l'ordonnance du 17 juillet 2019 (et ses décrets d'application) la contestation d'un tel refus est possible devant le conseil de prud'hommes jugeant alors selon la *« procédure accélérée au fond [PAF] »* (316). Rendues en premier et dernier ressort, les décisions correspondantes ne sont pas susceptibles d'appel et ne peuvent donc être attaquées qu'au moyen de la voie extraordinaire qu'est le pourvoi en cassation (317).

En principe, une formation de référé n'a pas vocation à trancher les litiges au fond ; elle ne prononce pas de décision définitive mais prend des mesures conservatoires. Toutefois, la formation de référé du conseil de prud'hommes est ici (exceptionnellement) autorisée à

---

315) « *La réflexion se poursuit donc à ce jour, car la réponse reste minimaliste* » (Alexis BUGADA, La reconnaissance juridique des proches aidants, *La Semaine Juridique Social* n° 48, 4 Décembre 2018, 1387).

316) Code du travail, article L3142-3.

317) Le Code du travail l'indique : à l'article R3142-1, pour les congés pour évènements familiaux de l'article L3142-3) ; à l'article R3142-4, relativement au congé de solidarité familiale (art. L3142-13) ; à l'article R3142-10, s'agissant du congé de proche aidant (art. L3142-25).

trancher le fond de la contestation de la demande de congé pour évènement familial (318).

Comme autrefois il était question de *« procédure en la forme des référés [PFR] »*, il est facile de comprendre que s'est produit un éloignement supplémentaire par rapport au référé classique. Même avant le changement de dénomination, la différence était déjà nette ; la vitesse pouvait alors le disputer à la précipitation (319).

Par ailleurs, l'on a pu se demander si l'objectif de simplification voulue par la réforme était atteint (320).

9. – Les freins paperassiers à la prise de congés familiaux.

La générosité sociale est parfois tellement critériée que les bénéficiaires potentiels y renoncent ; malgré la volonté gouvernementale de simplification des règles, en vue d'en faciliter l'accès. On peut le déplorer à propos du congé de solidarité familiale. Car, alors que c'était *« un droit sous l'empire de la législation antérieure »*, la

---

318) Pour un employeur, l'absentéisme véritablement perturbateur est celui qui n'aura pu être anticipé, car pris sans préavis. Par conséquent, sans doute les employeurs n'auront-ils pas apprécié la possibilité nouvelle du congé sans délai des proches aidants. Il est vrai que l'hypothèse est une situation de crise nécessitant une aide urgente (article L3142-19).

319) Selon Stéphane BRISSY, *« l'extension des pouvoirs de la formation de référé constitue une tendance que le décret de 2016 perpétue et qui peut conduire à une accélération des procédures. La rapidité est parfois nécessaire et souvent attendue mais espérons que la recherche d'une bonne administration de la justice n'en fasse pas les frais »* (Stéphane BRISSY, Demande de congé pour événement familial : pouvoirs du conseil de prud'hommes saisi en la forme des référés, La Semaine Juridique Social n° 11, 19 Mars 2019, 1087).

320) Alexandre DUPREY, La procédure accélérée au fond en matière sociale, *La Semaine Juridique Social* n° 44, 3 Novembre 2020, 3059.

réécriture de son dispositif par la loi du 08 août 2016 aboutit à des *« obstacles à sa mise en œuvre »* (321).

Or, comme il s'agit d'accompagner un mourant, le demandeur du congé n'a pas forcément le cœur et la force au dénouement de pièges administratifs. Certes, si un certificat médical atteste de la santé désespérée du malade, la situation d'urgence s'impose à l'employeur, lequel n'aura pas le droit de subordonner l'autorisation d'absence à la décision d'un juge (322).

À contrario, si contrairement à ce que prévoit la loi, l'on ne se trouve pas dans un *« cas d'urgence absolue constatée par le médecin »*, une chicanerie juridictionnelle s'envisage. Une difficulté similaire se renouvèlera probablement dans l'hypothèse d'un retour anticipé au travail.

En effet, même averti au moins quelques jours avant ce retour, l'employeur pourrait ne point se montrer coopératif et compatissant (323). On notera qu'il y a un alignement de la durée du CSF sur la nouvelle durée du proche aidant.

10. – La suspension du congé annuel pour maladie ou autre.

À première vue, le médecin ne devrait pas prescrire d'arrêt de travail à un salarié qui est en congé annuel, puisqu'il est déjà en arrêt de tout effort professionnel ; il n'est pas (temporairement) tenu d'aller travailler. Il le faut pourtant, car le congé maladie s'inscrit alors

---

321) Bérengère LEGROS, Regard critique sur la réécriture du congé de solidarité familiale par la loi du 8 août 2016, *La Semaine Juridique Social* n° 11, 21 Mars 2017, 1085.
322) Code du travail, article L3142-7, alinéa 2.
323) Code du travail, article D3142-3.

comme une période qui suspend (et préserve) le décompte du temps du congé annuel (324).

La règle de la suspension du congé annuel se comprend sans peine : ce congé poursuit une finalité différente de celle de l'arrêt maladie. La volonté suspensive devrait tout aussi s'appliquer lorsque l'évènement familial survient à une époque de congé annuel ou d'autres congés et autorisations d'absence donnant droit à un maintien du salaire. Or, tel n'est pas le cas (325).

---

324) « *La Cour [CJUE] souligne à nouveau que la finalité du droit au congé annuel payé est de permettre au travailleur de se reposer et de disposer d'une période de détente et de loisirs, finalité qui diffère de celle du droit au congé de maladie, accordé au travailleur afin qu'il puisse se rétablir d'une maladie engendrant une incapacité de travail* » (Jean SIRO, Congés annuels et incapacité de travail : caractère absolu du report, DA, 6 juillet 2012). Par ailleurs, « *[...] l'argument selon lequel certaines situations spécifiques dans lesquelles le travailleur est incapable de remplir ses fonctions ne peuvent conduire à conditionner le droit au congé annuel payé à l'obligation d'avoir effectivement travaillé pourrait également augurer une évolution sur le terrain de l'articulation de l'arrêt maladie et du congé payé du travailleur. L'on songe en particulier à la divergence d'interprétation ayant cours entre les deux juridictions sur la situation du salarié déjà en congé quand survient la maladie* » (Loïc MALFETTES, Licenciement nul : revirement concernant l'acquisition de congés payés pendant la période d'éviction, DA, 14 décembre 2021).

325) Il y a fusion de la durée du congé exceptionnel putatif avec les jours du congé annuel. Curieusement, tant la Cour de Justice de l'Union Européenne, que la Cour de cassation, ne perçoit l'inégalité directe alors subie par le travailleur dont l'évènement familial surviendrait à l'époque où il ne serait pas à la disposition de l'employeur. Certes, la Cour de cassation admet un léger décalage « *raisonnable » entre la date effective de prise du congé exceptionnel et la date de l'évènement qui le justifie »* (Marc VÉRICEL, Non-cumul des congés pour événements familiaux avec le congé, *Rev. trav.* 2021. 19).

LA RECHERCHE PARFOIS ILLUSOIRE DE HAUTS DIPLÔMES

Clotaire MOULOUNGUI
Maître de conférences hors classe à l'ULCO (académie de Lille)
Ancien Chef du Département Gestion des Entreprises et des Administrations
Responsable de la licence professionnelle Métiers de la Gestion et du Social

Résumé : D'après un adage, l'argent ne ferait pas le bonheur. Parfois, il est même prétendu que l'argent serait la source de tous des maux. Est-il possible de soutenir la même chose à propos du savoir et de la connaissance ? La réponse négative vient spontanément de la part de ceux qui (comme l'auteur des présentes lignes) font métier d'enseigner. Pour se convaincre de la place du savoir sans finalité professionnelle particulière, il suffit de se rappeler que des jeunes gens, pourtant déjà assurés d'hériter d'un empire financier, ou vraiment d'un royaume, fréquentent assidument les bancs d'écoles. Certes, ils y croisent parfois des camarades qui, eux, ambitionnent de faire valoir leurs connaissances et diplômes sur le marché du travail.

Mots clefs : Enjeu de la connaissance ; intérêts du savoir ; recherche des diplômes par les princes ; surqualification ; diplômés chômeurs.

Abstract : According to a saying, money cannot bring happiness. Sometimes, it is even claimed that money is the source of all evil. Is it possible to maintain the same view regarding knowledge and learning? The negative answer comes spontaneously from those who (like the author of these lines) make a career out of teaching. To be convinced of the importance of knowledge without any particular professional purpose, one need only recall that young people, already assured of inheriting a financial empire, or even a kingdom, assiduously attend school. Of course, they sometimes encounter classmates who, for their part, aspire to put their knowledge and qualifications to good use in the job market.

Keywords : The challenge of knowledge; the interests of knowledge; the pursuit of diplomas by princes; overqualification; unemployed graduates.

1. – La quête de savoirs et habilités sans calcul.

D'après un adage, l'argent ne ferait pas le bonheur. Parfois, il est même prétendu que l'argent serait la source de tous des maux (326). Est-il possible de soutenir la même chose à propos du savoir et de la connaissance ? La réponse négative vient spontanément de la part de ceux qui (comme l'auteur des présentes lignes) font métier d'enseigner.

Pour se convaincre de la place du savoir sans finalité professionnelle particulière, il suffit de se rappeler que des jeunes gens, pourtant déjà assurés d'hériter d'un empire financier, ou vraiment d'un royaume, fréquentent assidument les bancs d'écoles (327). Certes, ils y croisent parfois des camarades qui, eux, ambitionnent de faire valoir leurs connaissances et diplômes sur le marché du travail.

Ainsi a-t-on pu lire : « *Ce jour de décembre [2020], les façades Art nouveau de l'Institut auf dem Rosenberg se dessinent au milieu d'un épais brouillard. Une sonnerie retentit. Des élèves, costume-cravate pour les garçons, jupe plissée et blazer avec écusson doré pour les filles, rejoignent leurs classes. Impossible de savoir, parmi ces*

---

326) C'était la philosophie des premiers chrétiens. Cf. 1 Timothée 6 : 10 ; Zacharie 11 : 12-13.

327) https://www.elle.fr/Societe/Les-enquetes/L-ecole-des-milliardaires-reportage-dans-un-pensionnat-cinq-etoiles-3896610.

tignasses pressées, qui est l'enfant d'un ponte de la Silicon Valley ou d'un comprador chinois. Le pensionnat cinq étoiles préféré des élites économiques mondiales est aussi le plus secret. C'est ici, à Saint-Gall, ville suisse frontalière du Liechtenstein, qu'étudient chaque année 300 élèves parmi les familles les plus fortunées de la planète » (328).

2. – Le dressage humain et l'enrichissement par la scolarisation.

L'ignorance est plutôt source de déconvenues sociales. Encore que l'éducation vise d'abord et surtout à adapter l'individu à la société dans laquelle il évoluera. Il s'agit d'une sorte de parcours initiatique en vue de la maîtrise des comportements et des langages (verbaux et non verbaux) en vigueur dans sa collectivité d'appartenance.

On ne parlera pas ici de réinitialisation de la personnalité ou de lavage de cerveau, mais plutôt d'initialisation ou de programmation du cerveau. De ce strict point de vue, Jean-Jacques Rousseau a pu raisonnablement soutenir que l'éducation invite chacun à s'oublier (c'est une aliénation), afin d'apparaître conforme aux critères extérieurs prédéfinis par la société (329).

Ce lien entre bonnes études et aisance financière future semble tellement aller de soi que *« les Nations unies avaient inscrit l'universalisation de l'enseignement primaire parmi les "Objectifs du millénaire" à atteindre en 2015 pour réduire la pauvreté »* (330).

---

328) https://www.elle.fr/Societe/Les-enquetes/L-ecole-des-milliardaires-reportage-dans-un-pensionnat-cinq-etoiles-3896610.

329) Jean-Jacques ROUSSEAU, Émile ou De l'éducation, Livre I, 1762.

330) François LECLERCQ, Éducation, Économie de l'éducation, *Encyclopædia Universalis* [en ligne], http://www.universalis-edu.com/encyclopedie/education-economie-de-l-education/. Au fond, « *les bonnes raisons d'aller à l'école apparaissent de plus en plus impératives, car ne pas aller à l'école signifie dans ce système être perdu socialement* » (François DUBET, Sortir de l'idée de crise [de l'école], entretien avec

Il est entendu que l'enrichissement des individus entraîne celui de leur pays et vice versa. Le miracle économique de l'Asie du Sud Est, un miracle trouvant sa source surtout dans l'éducation et la formation professionnelle, est ainsi le modèle dorénavant recommandé aux pays en voie de développement (331).

3. – La raréfaction des bons emplois au fil de la massification des études.

Autrefois, la destinée du plus grand nombre était d'occuper des emplois sans qualification, lesquels sont par ailleurs presque toujours sous-payés (332). Ce destin était accepté et assumé par tous. Par la force des choses, les jeunes sortis du système scolaire sans qualification apparaissent comme moins légitimes à se plaindre.

Du reste, ils subissent une plus grande pression sociale pour se satisfaire d'un emploi de petite main ; ou d'homme à tout faire ; voire d'homme de main (333). Mais parallèlement à la massification

---

Florence GIUST-DESPRAIRIES, ERES, Nouvelle revue de psychosociologie, 2010/1 n° 9, pages 131 à 147, https://www.cairn.info/revue-nouvelle-revue-de-psychosociologie-2010-1-page-131.htm).

331) François LECLERCQ, précité.

332) « *[...] le fait de ne pas avoir terminé ses études secondaires constitue un handicap dans la recherche d'un emploi et les décrocheurs qui parviennent malgré cela à s'insérer sur le marché du travail, occupent alors des emplois subalternes mal payés* » (Ghislain PLUNUS, un référentiel commun pour une meilleure prise en charge des mineurs en situation d'absentéisme ou de décrochage scolaire, précité). Leur pauvreté est dès lors aussi bien culturelle que financière.

333) C'est dans ce contexte que l'État islamique (D'Aesch) y aura vu un vivier de recrutement de désespérés. Il leur promettait d'alléchantes récompenses, et de toute éternité. De fait, « *Qui forme les rangs des terroristes religieux ? Sont d'abord ciblés des jeunes mineurs ou majeurs dotés d'une personnalité narcissique qui, de surcroît, présentent des fragilités sociales et psychologiques en raison de : [...], l'échec scolaire [...]* » (Patrick MORVAN, Le terrorisme djihadistes : regard criminologique, *La Semaine Juridique Edition Générale* n° 1-2, 11 janvier 2016, doctr. 34).

des études, les jeunes (et leurs familles) se sont mis à rêver de diplômes dont ils attendaient beaucoup ; peut-être beaucoup trop.

Selon un auteur : « *Les critiques que l'on entend sur les élèves et les parents "consommateurs" sont extrêmement injustes, car on ne voit pas comment des parents soucieux de l'avenir de leurs enfants ne se préoccuperaient pas de l'utilité et de la rentabilité des diplômes* » (334).

C'est vrai qu'il y a la rude concurrence faite par de personnes ayant obtenu plus brillamment le même diplôme, et/ou celle faite par d'autres étudiants qui l'auront préparé dans une université davantage prestigieuse (335).

3. – Le choix de l'établissement d'enseignement selon la renommée.

Le prestige d'un établissement de formation découle de son ancienneté ou de son siège dans une grande ville. En France, une présomption d'intelligence et de compétence bénéficient aux diplômés du lycée Henri IV, du lycée Louis-Le-Grand, des universités de la Sorbonne, d'Oxford, de Cambridge, de Harvard, de Sciences Po, etc.

Ces réputations ne sont pas forcément usurpées. Néanmoins, les universitaires français (les enseignants-chercheurs) sont tous présélectionnés par la même instance (le CNU). Certes, les élèves et étudiants, eux, dépendent du bassin de vie où se trouve l'établissement. Or, leur appétit de connaissances transcende le professeur et l'encourage à se perfectionner jour après jour (336).

---

334) François DUBET, précité.

335) Cette confrontation à la réalité concurrentielle conduit les intéressés à une révision à la baisse de leurs ambitions.

336) On notera cependant la curiosité suivante : le professeur d'une université de province, bientôt à la retraite, rêvera de terminer sa carrière en devenant enseignant à Paris (à la Sorbonne, à Normal Sup rue d'Ulm, etc.).

La recherche parfois illusoire de hauts diplômes

Il y a ainsi donc un marché de la formation, avec des offres (de formation) émises par des établissements publiques et des établissements privés ; dans une concurrence de tous contre tous (337).

Mais alors, comment s'orienter dans une telle jungle ? Selon toute vraisemblance, le candidat raisonnable répondra de préférence aux propositions en adéquation avec ses pré-acquis scolaires et/ou avec sa bourse (sociale ou familiale). Il intégrera tout naturellement une université de masse. C'est-à-dire une structure dont les étudiants espèrent peu, et qui connaît un absentéisme en rapport avec la vanité de ses diplômes.

4. – Le silence gêné du Français sur son titre de docteur.

Les USA mettent volontiers en avant la réussite socioprofessionnelle d'individus sans diplômes (338). Il y a ainsi des « *cultures glorifiant le self-made man* » (339) ; contrairement à ce que nous montre un litige survenu autrefois dans un collectif de travail (340).

Néanmoins, le nouveau-Monde organise des cérémonies fastueuses et émouvantes de remise de diplômes. Ces titres étant par la suite encadrés, puis exposés aux murs de demeures, ou à ceux de cabinets

---

337) « *Dans le public comme dans le privé, il se forme un réel marché scolaire* » (François DUBET, précité.

338) On sait que le fondateur de la multinationale Microsoft (Bill Gates) n'aura passé que deux années à Harvard, entre 1973 et 1975, et en sera sorti sans diplôme. Mark Zuckerberg n'y aura pas été plus longtemps, car il est allé créer et gérer sa multinationale Facebook. https://www.journaldunet.com/ebusiness/le-net/1143253-ils-n-ont-jamais-obtenu-leur-diplome-et-sont-pourtant-milliardaires.amphtml/.

339) Bernard VAREILLE, Ne jetons pas le descendant avec l'eau du bain ! Defrénois 23 mai 2019, n° 148s8, p. 1.

340) Les juges affirmèrent que « *le comportement des parties révèle l'existence d'une incompatibilité latente entre AYRAULT, self made man, et COURGEON, ingénieur issue d'une grande école* » (Cass. Soc., 03 juillet 1963, n° 62-40 765).

de praticiens. D'ailleurs, sans doute parce que le titre universitaire rassérène son titulaire et rassure autrui, dans diverses contrées, le juriste, l'historien, le sociologue, le géologue ou le mathématicien (pour ne citer qu'eux) n'a pas de gêne à indiquer (à l'oral ou à l'écrit) son titre de docteur.

Ainsi, l'abréviation PhD est-elle susceptible de figurer sur une carte américaine de paiement ; et l'abréviation Dr sur une carte allemande d'identité (341). Dans ce dernier cas (germanique), un médecin nommé Hans se présentera comme étant le *"docteur-docteur"* Hans.

Sur le sol de France, l'incompréhension découlant d'une pareille démarche sera sûrement aussitôt suivie d'une moquerie plus ou moins réfrénée de l'interlocuteur. Ce dernier oubliera alors, ou ignorera, que la loi elle-même dit que : *« Les titulaires d'un doctorat peuvent faire usage du titre de docteur, en en mentionnant la spécialité, dans tout emploi et toute circonstance professionnelle qui le justifient »* (342).

Les choses vont-elles s'arranger, maintenant que la parole de l'ignorant et celle du savant se valent sur Internet et ses réseaux sociaux ? Si au moins faute de conférer de l'autorité morale le diplôme donnait du travail… Par exemple, sans doute les titulaires du doctorat en droit pourraient-ils espérer s'installer sans encombre dans l'avocature.

---

341) Benjamin PELLETIER et Héloïse DUFOUR, L'absurde complexe français envers le doctorat, (https://gestion-des-risques-interculturels.com/pays/europe/france/labsurde-complexe-francais-envers-le-doctorat/comment-page-1/).

342) Code de la recherche, article 412-1. Un journaliste, déniant à un physicien l'utilisation de son titre de docteur, a naturellement perdu devant la Cour de cassation (20 janvier 2009).

Or « *la dispense totale d'examen d'entrée [au centre de formation] pour les docteurs en droit est régulièrement remise en cause par la profession d'avocat qui estime leur formation trop théorique* » (343).

5. – La dévalorisation des diplômés par le chômage de leurs titulaires.

À la vérité, l'espérance liée aux études régresse dans la population. C'est la conséquence du phénomène des diplômés chômeurs. Les médias rappellent à cet égard que *"l'ascenseur social est en panne"* ou que le *"système d'enseignement est grippé"*.

Précisément, *« un récent rapport du Centre méditerranéen pour l'intégration, associé à l'Agence française pour le développement (AFD), sur l'enseignement supérieur au Moyen-Orient et en Afrique du Nord apporte de nouveaux éléments sur le nombre de diplômés chômeurs, sur le caractère obsolète des méthodes pédagogiques dans l'enseignement primaire et secondaire, et sur le besoin de financements plus diversifiés, de façon telle que les cours dans l'enseignement supérieur soient dispensés par des enseignants qualifiés et liés aux créneaux porteurs dans le monde du travail »* (344).

Voilà pourquoi quelques jeunes s'appliquent l'adage *« un tiens vaut mieux que deux tu l'auras »*. Concrètement, ils prennent le premier emploi venu. Leur stratégie inavouée est de commencer par entrer

---

343) Laurence GARNERIE, CRFPA : pas de suppression de la passerelle pour les docteurs en droit, Gaz. Pal. 3 sept. 2019, n° 359g9, p. 6. « *Contrairement au souhait exprimé par le CNB en 2018, le groupe de travail se prononce pour le maintien de la dispense de l'examen pour les docteurs en droit, "afin de ne pas dévaloriser le plus haut diplôme en droit", au moment où le ministère de l'Enseignement supérieur cherche justement à le rendre plus professionnalisant* » (Laurence GARNERIE, Formation des avocats : le rapport Clavel / Haeri en renfort des propositions de la profession, Gaz. Pal. 3 nov. 2020, n° 390d9, p. 10).

344) Michèle GENDREAU-MASSALOUX, Politique de voisinage et nouvelles démocraties méditerranéennes, quelques questions, Rev. UE 2012. 428.

dans la place ; sachant que des promotions sont ensuite envisageables, grâce à l'expérience accumulée et/ou grâce à la formation professionnelle continue.

Par exemple, dans l'armée, l'on rencontre des officiers sortis du rang (ex-simples soldats) ; et à l'hôpital, il existe des femmes de ménage devenues des cadres, après avoir transité par les fonctions d'aide-soignante, puis par celles d'infirmière. Plus généralement, l'administration organise des concours internes réservés aux agents en fonction depuis un certain temps (345).

Enfin, des universités du troisième âge ont été créées pour les seniors ; déjà retraités ou non. Ces derniers ont simplement soif de connaissances (346). Autrement dit, l'intérêt des études ne se mesure pas qu'aux emplois rémunérateurs qu'elles offriraient. Mais des enseignants-chercheurs en gestion insistent sur le fait que « *la formation est considérée comme un maillon déterminant dans le*

345) « *Toutefois, […], les statuts particuliers fixent une proportion de postes susceptibles d'être proposés à des fonctionnaires pouvant bénéficier de la promotion interne après inscription sur une liste d'aptitude, soit après examen professionnel, soit au choix. Ces dispositions dérogatoires au principe du recrutement par concours offrent aux agents titulaires qui ont fait la preuve de leur valeur professionnelle et détiennent l'aptitude à exercer des fonctions supérieures, une possibilité de promotion interne, laquelle leur permet d'évoluer vers une catégorie supérieure sans avoir satisfait à la réussite d'un concours. Cette règle des quotas permet de diversifier le recrutement, de conserver une pyramide des âges cohérente au sein de chaque collectivité et d'encourager la mobilité entre collectivités* » (La RÉDACTION, Promotion interne des fonctionnaires territoriaux : quelles possibilités aux collectivités de promouvoir plus largement leurs agents ?, La Semaine Juridique Administrations et Collectivités territoriales n° 3, 24 janvier 2022, act. 82).

346) « *[…] peu de retraités entament des reprises d'études diplômantes ; ceux qui les engagent font preuve de connaissances acquises par autodidaxie* » (Simone PENNEC, Une université aux prises avec les demandes des retraités. Entre éducation permanente, diffusion culturelle, prévention..., Gérontologie et société, vol. 36/147, no. 4, 2013, pp. 147-161).

façonnement de l'esprit entrepreneurial et des capacités des individus » (347).

Or le rêve de 67 % des jeunes (génération Y) serait la création de leur propre entreprise (348).

6. – Le service public comme employeur principal des titulaires du doctorat.

Pour résorber le chômage des jeunes, la France leur trouve parfois des emplois aux frontières du salariat et du fonctionnariat (des travaux d'utilité collective ou TUC, par exemple). Ou bien elle les renvoie aux études. Celles-ci prennent alors la dénomination d'alternance ou d'apprentissage.

D'autres pays, petits et/ou pauvres, tentent des recettes similaires. Ainsi, est-il professé : « *En situation de chômage élevé et en particulier de chômage des diplômés et des jeunes diplômés, l'emploi public a servi à assurer une fonction d'absorption des surplus de main-d'œuvre, en particulier qualifiée et hautement qualifiée* » (349). En gros, c'est le service public qui recrute la grande majorité des docteurs, ingénieurs et professeurs même dans notre pays (350).

---

347) Maripier TREMBLAY, Martine PELÉ, Gérard Akrikpan Kokou DOKOU *et al.*, « Chapitre 3. Les déterminants psychosociologiques et le mode de vie des entrepreneurs », dans : *Les entrepreneurs des générations X et Y,* Paris, Ellipses, « Gestion », 2019, p. 59-81.

348) Idem. Oui, « *Ils préfèrent ainsi tracer leur voie car ils ont l'impression que les chemins traditionnels les mèneront nulle part. Ils croient que créer une entreprise, même si c'est un échec, va leur en apprendre plus en deux ans que d'être assis dans un bureau durant 20 ans. Plusieurs Y sont moins intéressés à diriger les autres que d'avoir leur autonomie, ainsi qu'une vie plus créative* »

349) Jacques ROJOT, Gestion des ressources humaines dans le secteur public dans les pays en développement, RFFP sept. 2010, n° 111, p. 237.

350) Certes, les avantages en espèces et en nature alors servis aux intéressés sont infiniment moindres que dans le secteur privé.

Des perspectives nouvelles leur sont même promises par l'Institut du Service Public, lequel absorbe l'ENA et d'autres grandes écoles (351). Par ailleurs, il convient de noter que malgré son fétichisme du diplôme, la France aura (exceptionnellement) consenti à se donner deux ministres de l'économie et des finances ayant fait peu d'études. Il s'agit de René MONORY (mécanicien automobile) et de Pierre BÉRÉGOVOY (ajusteur et dessinateur industriel) (352).

7. – La valorisation dérisoire et aléatoire du doctorat en France.

Le doctorat n'ouvre point les meilleurs emplois à ses titulaires en France. C'est dire que, pour le nouveau docteur, l'espoir d'un retour sur investissement intellectuel et matériel apparaît aléatoire ; autant par ailleurs que l'obtention de prix de thèses bien dotés.

Le manque à gagner de ce docteur (finalement au chômage ou bien sous-payé) était plus importante avant l'actuelle démocratisation de l'impression chez soi. Car l'ouvrage doctoral soumis aux membres du jury était un livre composé par un imprimeur véritable. Aussi le descendant d'une famille modeste ne pouvait-il raisonnablement envisager une pareille dépense (353).

---

351) « *Selon un régime de création plus récente destiné à valoriser les études doctorales comme dans d'autres États européens, un concours externe réservé aux titulaires de certains doctorats est une voie d'accès à l'Institut. Le docteur bénéficie d'un mode spécifique de détermination de la période quadriennale d'ancienneté requise. Les lauréates et les lauréats de ce type de concours doivent représenter chaque année au moins 35 % du nombre total de places* » (Antony TAILLEFAIT, Les portes de l'Institut national du service public, RFDA 2023. 513).

352) Nicolas Sarkozy est un avocat qui n'aura pas eu à suivre le parcours de formation des élites intellectuelles de la Nation. Il avait dès lors l'impression que ses concurrents et amis le snobaient de ce point de vue.

353) La publication de la thèse revenait à 50000 francs, lit-on dans l'article précité de Gustave COHEN, écrit dans les années 30. La conversion de cette somme à nos euros de 2020 révélerait une vraie fortune. Car les 50.000 francs de 1934 représentent 3.628.633 € ; ceux de 1944, 973.535 € ; ceux de

Aujourd'hui encore, pour accéder aux formations préalables au doctorat, *« les étudiants seront sélectionnés au mieux par le mérite, au pire par l'argent »* (354). Or, de son ouvrage, l'auteur ne vend sûrement qu'une centaine d'exemplaires ; malgré l'effort des bibliothèques (généralement universitaires) d'en acquérir pour une mise à disposition.

À l'évidence, le cercle des lecteurs de monographies universitaires demeure très restreint en dépit des politiques ou d'initiatives de vulgarisation, telle que « *ma thèse en 180 secondes, ou trois minutes* » (355) ; ou bien l'écriture (en parallèle) dans la presse populaire (356).

D'un autre côté, les recruteurs potentiels se montrent intimidés ou agacés par ce haut diplôme. D'ailleurs, hormis la rareté des emplois ouverts aux docteurs, l'on déplore la modicité des rémunérations correspondantes ; y compris dans la profession d'enseignant-chercheur, vœu principal du thésard.

Dans les années 30, cette faiblesse des salaires était déjà critiquée ; tout au moins en comparaison des professeurs *« d'Amérique,*

1954, 113.717 € ; ceux de 1964, 70.645 ; ceux de 1974, 40.055 € ; ceux de 1984, 14.596 €. En Côte d'Ivoire, le jeune en quête de titres et qualifications sait que *« l'investissement que sa famille opère sur sa formation alimente sa dette envers elle »* (Fabio VITI, Travailler pour rien : L'apprentissage en Côte-d'Ivoire urbaine (Abidjan, *Cahiers d'Études Africaines*, Vol. 45, Cahier 179/180).

354) Hervé CROZE, Vive l'École ou l'Université ?, *D.* 2012. 747.

355) C'est un concours où chaque jeune docteur (volontaire) d'utiliser une seule diapositive pour présenter à un public de néophytes l'essentiel de sa thèse en seulement trois minutes. Une députée (Sandrine DOUCET) aura tenu ce discours au gouvernement : « *Convaincue de la nécessité de vulgariser la recherche pour le grand public, et de lui donner une visibilité afin de la rendre plus attractive et plus concrète, elle l'interroge sur les soutiens qui sont apportés par le ministère à cette initiative* » (Question écrite n° 97263, Publication au JO : Assemblée nationale du 5 juillet 2016).

356) Julie ARROYO, Vedel et ses articles de presse : un juriste dans la cité, RFDA 2016. 371.

d'Angleterre ou d'Allemagne » (357). En fait, dans ces contrées-là aussi, l'intéressé ne reçoit pas (en une fois) un capital en contrepartie de ses années d'efforts ; il perçoit en revanche une rente mensuelle au fil des ans. Puis après des décennies, il prétend à une pension de retraite.

Mais alors, les modalités de calcul de celle-ci, ainsi que la certitude de son versement concurrencent victorieusement les modèles étrangers. L'explication est qu'en France les fonds de pensions (des retraites) n'occupent nullement la place envahissante qu'ils ont ailleurs ; particulièrement dans les pays anglo-saxons.

8. – Les déconvenues d'Africains surdiplômés revenus d'exil.

La vanité du haut diplôme a été concrète pour nombre d'étudiants gabonais venus étudier en France et répartis avec des doctorats. Il faut d'abord rappeler qu'il fut une époque où seul le diplôme de maîtrise était délivré à l'université de Libreville (Gabon). Plusieurs ressortissants de ce pays d'Afrique francophone devaient alors émigrés vers la France pour leurs études de troisième cycle.

Le choix de cette destination francophone s'explique par le fait que leurs manuels et leurs professeurs, nationaux ou étrangers, leur venaient de Paris. On peut s'étonner de cette ambition, alors que le voyage et le séjour coûtaient horriblement cher, sachant qu'il faut 650 francs CFA pour obtenir 1 €. Or, les familles gabonaises sont presque toutes pauvres.

---

357) Gustave COHEN, La Formation de L'étudiant et du Professeur Français, The French Review, Vol. 5, No. 6 (May, 1932), pp. 445-461 : American Association of Teachers of French ; https://www.jstor.org/stable/379638. Aujourd'hui aussi, l'attention est attirée sur « *la précarisation de la situation des enseignants-chercheurs qui abordent une carrière de rêve* » (Caroline CHAMARD-HEIM et Philippe YOLKA, La bourse et la (belle) vie, Sur une curiosité universitaire : le contrat doctoral sans doctorat, *AJDA* 2021. 1607).

La recherche parfois illusoire de hauts diplômes

Heureusement, en vue de se constituer une élite intellectuelle, l'État gabonais offrait régulièrement des bourses d'études à ses meilleurs étudiants (358). Pour bénéficier d'une prise en charge de son DEA, puis de son doctorat, le candidat devait avoir accompli son parcours universitaire librevillois sans aucun redoublement. Ceux des postulants qui avaient redoublé une fois devaient se contenter d'une année de financement ; pour un DESS.

La grande masse des autres titulaires de la maîtrise étaient conviés à concourir (sur place) pour l'École de la magistrature, l'École Nationale d'Administration, l'École Normale Supérieure, ou pour l'Institut des Finances. D'abord, tristes de n'avoir pu gagner la France, ces recalés de la bourse d'étude étaient ensuite heureux d'occuper les postes vacants de la haute fonction publique gabonaise.

À cet égard, quand les collègues émigrés revenaient (surdiplômés) avec leur doctorat, ils étaient peu nombreux à trouver un poste d'enseignant-chercheur. Le chômage les guettait alors (359). Pour trouver à s'employer, ils devaient se résoudre à entrer dans l'une des écoles ci-dessus, et se soumettre de bonne grâce à la formation (professionnalisante) assurée par les collègues d'antan, devenus hauts fonctionnaires dans l'intervalle.

---

358) Rétrospectivement, cette politique était-elle utile, sachant que beaucoup de ces étudiants sont finalement restés en occident ? La réponse est oui. D'abord, parce que précisément tous n'y sont pas restés. Ensuite, parce que les apparents transfuges font parler (en bien) du Gabon, en menant des carrières universitaires appréciables. Étant entendu que les conditions de recherche scientifique sont déplorables : manque de ressources ; harcèlement pour la participation aux deuils ou aux réjouissances ; etc. Par exemple, l'ouvrage de référence en droit gabonais du travail a été écrit par un enseignant-chercheur installé à Nantes (Augustin Emane, Le droit du travail au Gabon : Code du travail commentée, guide pratique, principaux textes), mais imprimé par sur place.

359) Il est entendu que, pas plus qu'en France, le secteur privé gabonais ne dispose de places nombreuses pour des docteurs.

Même en France, le doctorat est toujours considéré avec circonspection (360).

9. – La nécessité de cellules psychologiques pour les naufragés du doctorat.

Même au niveau le plus élevé de formation, le renoncement à la voie professionnelle rêvée atteint l'âme et l'esprit. Voilà pourquoi il y a au sein de l'Institut Pasteur, depuis 2013, une mission ambitionnant de réconforter les thésards qui jettent l'éponge.

Il s'agit de *« leur montrer qu'il est possible de construire un nouveau projet professionnel après un abandon, que la thèse, même non finie, est une expérience professionnelle valorisable dans d'autres secteurs »* (361).

---

360) « *L'article 78 de la loi n° 2013-660 du 22 juillet 2013 relative à l'enseignement supérieur et à la recherche, codifié à l'article L. 412-1 du code de la recherche, tend à la reconnaissance de la valeur du doctorat en facilitant l'accès des docteurs aux fonctions publiques et en favorisant le déroulement de leur carrière. Mais le retard pris par le pouvoir réglementaire pour mettre en œuvre cette disposition législative révèle la place ambiguë qu'occupent les diplômes au sein des règles statutaires des fonctions publiques, tout en confirmant la puissance de corporatismes axés sur la défense de certains corps dont sont exclus, en leur qualité, les docteurs* » (Edwin MATUTAKNO, La reconnaissance du doctorat dans la fonction publique : une bouteille jetée dans l'océan normatif ? *AJFP* 2015. 275).

361) Rapporté par Léonor LUMINEAU, Quand des doctorants jettent l'éponge, *La Matinale du Monde*, vendredi 25 juin 2021.

www.ingramcontent.com/pod-product-compliance
Lightning Source LLC
LaVergne TN
LVHW082230051026
849532LV00012B/3936